Flávio Andaló

Modelagem e Animação 2D e 3D para Jogos

1ª Edição

Av. Dra. Ruth Cardoso, 7221, 1º Andar, Setor B
Pinheiros – São Paulo – SP – CEP: 05425-902

SAC | Dúvidas referente a conteúdo editorial, material de apoio e reclamações:
sac.sets@somoseducacao.com.br

Direção executiva	Flávia Alves Bravin
Direção editorial	Renata Pascual Müller
Gerência editorial	Rita de Cássia S. Puoço
Editora de aquisições	Rosana Ap. Alves dos Santos
Editoras	Paula Hercy Cardoso Craveiro
	Silvia Campos Ferreira
Assistente editorial	Rafael Henrique Lima Fulanetti
Produtor editorial	Laudemir Marinho dos Santos
Serviços editoriais	Juliana Bojczuk Fermino
	Kelli Priscila Pinto
	Marília Cordeiro
Revisão de texto	Ricardo Franzin
Diagramação	Join Bureau
Capa	Maurício S. de França
Impressão e acabamento	Meta Brasil

DADOS INTERNACIONAIS DE CATALOGAÇÃO NA PUBLICAÇÃO (CIP)
(CÂMARA BRASILEIRA DO LIVRO, SP, BRASIL)

Andaló, Flávio
 Modelagem e animação 2D e 3D para jogos / Flávio Andaló. – 1. ed. – São Paulo : Érica, 2015. – (Série eixos)

Bibliografia
ISBN 978-85-365-1205-1

1. Animação por computador 2. Computação gráfica 3. Jogos por computador 4. 2D (Computação gráfica) 5. 3Ds Max (Programa de computador) I. Título. II. Série.

14-12554   CDD-006.6

Índices para catálogo sistemático:
1. 2D : 3Ds Max : Computação gráfica : Programas : Processamento de dados 006.6

Copyright© Flávio Andaló
2019 Saraiva Educação
Todos os direitos reservados.

1ª edição
3ª tiragem: 2019

Nenhuma parte desta publicação poderá ser reproduzida por qualquer meio ou forma sem a prévia autorização da Saraiva Educação. A violação dos direitos autorais é crime estabelecido na Lei n. 9.610/98 e punido pelo art. 184 do Código Penal.

| CO | 7162 | CL | 640620 | CAE | 572437 |

Agradecimentos

Agradeço à editora Érica pela oportunidade de disseminar um pouco desse vasto conhecimento ligado à criação de personagens para jogos.

Agradeço ao meu amigo Marco Antonio de Azevedo, parceiro de estudos e de surf, por ter me indicado para escrever esse livro e pela ajuda nos dois primeiros capítulos.

Agradeço aos meus colegas de trabalho da Universidade Federal de Santa Catarina por terem me apoiado e me incentivado a abraçar essa árdua tarefa que foi escrever esse livro, é uma honra e um privilégio ter vocês como colegas.

Agradeço à minha família pelo apoio incondicional, especialmente à minha mãe por tudo, desde o incentivo de muitos anos a ingressar na área acadêmica até o apoio na criação desse livro.

Agradeço ao meu filho Lucas, que mesmo com apenas 7 anos, entendeu que o papai estava trabalhando até tarde e nos fins de semana para concluir algo importante e nunca atrapalhou, apenas me estimulou a seguir em frente.

À Bruna, minha companheira do dia a dia e parceira de trabalho para todas as horas. Dividimos juntos as alegrias e tristezas hoje e para o resto da vida. Que o sacrifício empenhado nesse trabalho nos renda bons frutos no futuro! Obrigado por tudo!

Este livro possui material digital exclusivo

Para enriquecer a experiência de ensino e aprendizagem por meio de seus livros, a Saraiva

Educação oferece materiais de apoio que proporcionam aos leitores a oportunidade de ampliar seus conhecimentos.

Nesta obra, o leitor que é aluno terá acesso ao gabarito das atividades apresentadas ao longo dos capítulos. Para os professores, preparamos um plano de aulas, que o orientará na aplicação do conteúdo em sala de aula.

Para acessá-lo, siga estes passos:

1) Em seu computador, acesse o link: http://somos.in/MAJ1

2) Se você já tem uma conta, entre com seu login e senha. Se ainda não tem, faça seu cadastro.

3) Após o login, clique na capa do livro. Pronto! Agora, aproveite o conteúdo extra e bons estudos!

Qualquer dúvida, entre em contato pelo e-mail suportedigital@saraivaconecta.com.br.

Sobre o Autor

Flávio Andaló é professor efetivo do curso de Design na Universidade Federal de Santa Catarina nas disciplinas relacionadas à Animação 3D. Nascido e criado em Florianópolis, Santa Catarina, cresceu convivendo com mundos opostos: a praia, as artes e a informática. Nesses mundos desenvolveu gostos diversos como os esportes surf e natação, artes como ilustração, animação, cinema e música, e tudo o que se relacionava com informática e tecnologia. Desse caldeirão de interesses, começou a estudar piano aos 12 anos e fez um curso de AutoCAD aos 15. Ingressou na faculdade de Música aos 17 anos, porém um ano depois seguiu outro rumo ao ingressar no curso de Arquitetura e Urbanismo na Universidade Federal de Santa Catarina. Durante a faculdade começou a estudar o software na época chamado de 3D Studio Max, atual 3ds Max, e logo começou a trabalhar desenvolvendo animações e se afastar da área de arquitetura, embora tenha concluído o curso em 2006. Trabalhou por alguns anos criando animações para diversas áreas, com destaque para a publicidade, criando material para diversos comerciais de televisão. Junto com o trabalho de desenvolvimento de conteúdo, também lecionou em cursos de animação 3D e ingressou no mestrado em Design e Expressão Gráfica em 2009 na Universidade Federal de Santa Catarina. Concluiu o mestrado em 2011, no mesmo ano que começou a lecionar na mesma universidade como professor substituto. Em 2013 foi admitido no concurso público para professor efetivo na mesma universidade onde segue lecionando e pesquisando nas diversas áreas de animação 3D, sendo um dos líderes do laboratório DesignLab como pesquisador na área de captura de movimento.

Sumário

Capítulo 1 – Ambientes 2D e 3D...11

    1.1 Ambientes virtuais de jogos..11

        1.1.1 Ambientes virtuais 12

        1.1.2 Jogos 2D e 3D 12

    1.2 Considerações acerca dos elementos 2D e 3D de um jogo 14

        1.2.1 Personagens 2D e 3D 14

    1.3 Motores de jogos 15

    Agora é com você!...16

Capítulo 2 – A Modelagem 3D 17

    2.1 Referências para a modelagem...17

        2.1.1 Imagens e fotografias como referência para a modelagem.........................18

        2.1.2 Digitalização 3D como referência de modelagem 19

    2.2 As principais técnicas de modelagem de personagens 3D....................................20

        2.2.1 Modelagem NURBS..20

        2.2.2 Modelagem poligonal 21

        2.2.3 Modelagem de personagens para games...22

    Agora é com você!...25

Capítulo 3 – Modelagem Poligonal 27

    3.1 Entendendo a modelagem poligonal..27

    3.2 Modelando objetos 30

    Agora é com você!...32

Capítulo 4 – Modelando um Personagem 3D...33

    4.1 Posicionando as referências...33

    4.2 Começando a modelagem 34

    4.3 Modelagem do corpo 36

    4.4 Criando as pernas e pés...39

    4.5 Modelando a cabeça 47

    4.6 Marcando os detalhes da roupa 51

    4.7 Modelando o capacete, os óculos, a máscara e a joelheira 54

        4.7.1 Modelando o capacete..54

        4.7.2 Modelando os óculos...56

        4.7.3 Modelando a máscara...60

4.7.4 Modelando a joelheira...64

Agora é com você!...67

Capítulo 5 – Texturizando o Personagem.. 69

5.1 As características básicas de um material...69

5.1.1 Reflexão 70

5.1.2 Difusão 72

5.1.3 Refração..72

5.1.4 Translucência 75

5.1.5 Materiais compostos por camadas..77

5.1.6 Resumindo o comportamento de um raio de luz nos materiais.......78

5.2 Reproduzindo materiais em computação gráfica 78

5.3 Mapeando o personagem 83

Agora é com você!...94

Capítulo 6 – Iluminação e Renderização 95

6.1 Os diferentes métodos de renderização 95

6.1.1 Scanline 96

6.1.2 Raytrace..97

6.1.3 Rasterização 98

6.2 A iluminação e o render em tempo real 100

Agora é com você!...104

Capítulo 7 – Acrescentando Detalhes e Pintando no Mudbox 105

7.1 Um breve histórico do Mudbox...105

7.2 Exportando o modelo do 3ds Max para o Mudbox 106

7.2.1 Corrigindo o pivô..106

7.2.2 Corrigindo a escala 107

7.2.3 Enviando o arquivo para o Mudbox..107

7.3 Entendendo a escultura digital no Mudbox..109

7.3.1 Níveis de subdivisão...109

7.3.2 Travando objetos e congelando partes da malha 111

7.3.3 Navegando pela cena 3D 114

7.3.4 Utilizando camadas de escultura 115

7.4 Começando a esculpir os detalhes...115

7.4.1 Ferramentas de Escultura...115

7.4.2 Atalhos utilizados na escultura 116

7.4.3 Utilizando simetria 117

7.4.4 Acrescentando mais um nível de subdivisão 117

7.4.5 Utilizando texturas em modo Stamp 118

7.4.6 Utilizando texturas em modo Stencil 118

7.5 Pintando no Mudbox 120

7.6 Gerando os mapas e atualizando o 3ds Max 121

Agora é com você! 122

Capítulo 8 – Conceitos Básicos de Animação de Personagens 123

8.1Conceitos básicos de animação 123

8.1.1 Introdução à animação 123

8.1.2 Quadros-chave 124

8.1.3 Controlando a animação no 3ds Max 124

8.1.4 Animando no 3ds Max 126

8.1.5 Trabalhando com curvas de animação 126

8.2 A animação de personagens 127

8.2.1 Introdução ao *rig* de personagens 127

8.2.2 Biped 129

8.2.3 CAT 129

8.2.4 Criando um *rig* no CAT 130

8.2.5 Aplicando o *Skin* 131

8.2.6 Animando com o CAT 133

Agora é com você! 134

Bibliografia 135

Apresentação

Este livro é voltado para estudantes interessados em trabalhar com o desenvolvimento de personagens para jogos, apresentando um panorama de como é o processo completo de desenvolvimento. Após situar o leitor nos modos de modelagem mais utilizados, parte de uma imagem de referência para iniciar a modelagem 3D de um personagem, passando pelo mapeamento, texturização, iluminação, *rendering*, escultura e pintura digital, *rigging* e animação.

O mercado de jogos eletrônicos vem crescendo a cada ano e ainda não apresenta sinais de ter atingido um limite. Trata-se da maior indústria de entretenimento, com faturamento estimado para 2014 em US$ 81,5 bilhões, mais que o dobro da segunda colocada, o cinema. Esse crescimento constante demanda cada vez mais profissionais de diversas áreas que pretendem trabalhar nesse campo.

O Capítulo 1 – Ambientes 2D e 3D trata de uma introdução aos ambientes 2D e 3D de um jogo, para então, no segundo capítulo, A Modelagem 3D, demonstrarmos algumas técnicas utilizadas na modelagem de personagens 3D, destacando as mais utilizadas atualmente. O terceiro capítulo, A Modelagem Poligonal, é uma introdução a este tipo de modelagem, em que o aluno dará seus primeiros passos na criação de objetos 3D, para então entrar no quarto capítulo, Modelando um personagem 3D, em que temos um passo a passo da modelagem completa de um personagem a partir de imagens de referência criadas previamente. Aqui o aluno desenvolverá do começo ao fim um personagem, que foi simplificado com o objetivo de não dificultar muito essa primeira modelagem, mas garantindo um bom resultado. Desse modo, o modelo será utilizado no quinto capítulo, Texturizando o personagem, quando o aluno será instigado a pensar como se comportam os materiais no mundo real e como reproduzir suas características dentro das limitações do que pode-se utilizar em jogos. Também será abordado nesse capítulo o mapeamento para que se possa pintar uma textura em um software de edição de imagens e utilizar no sexto capítulo, Iluminação e Renderização, no estudo de iluminação e *rendering*. O sétimo capítulo, Acrescentando Detalhes e Pintando no Mudbox, faz uma apresentação de como funciona a escultura digital, mostrando para o aluno como enviar seu modelo para o software Mudbox, adicionar detalhes, pintar texturas diretamente em 3D e retornar para o 3ds Max. O oitavo e último capítulo, Conceitos Básicos de Animação de Personagens, faz uma introdução à animação de personagens, um assunto extremamente vasto. O conteúdo apresentado parte dos conceitos de animação e finaliza com a criação de um *rig* completo, visando criar condições para que o aluno possa seguir adiante no estudo da animação.

1

Ambientes 2D e 3D

Para começar

Este capítulo tem por objetivo situar o leitor no universo de ambientes virtuais, ambientes de jogos e ambientes interativos.

Entender basicamente a diferença entre jogos 2D e 3D garante um entendimento de como ambos devem ser construídos em termos de modelagem e animação de personagens.

1.1 Ambientes virtuais de jogos

Os jogos, desde o tempo dos tabuleiros, se passam em um determinado ambiente virtual. Jogos simples e casuais costumam acontecer em pequenos ambientes, uma tela simples em geral, e não demandam muita atenção por parte do jogador para entendê-lo. Conforme os jogos foram evoluindo e ficando mais complexos, esse ambiente foi ampliado, acarretando na necessidade de mais envolvimento e dedicação do jogador ao explorá-lo e conhecê-lo por inteiro. Hoje em dia temos jogos com ambientes virtuais que buscam reproduzir o mundo real e uma das formas de se obter realismo ocorre por meio de grandes ambientes. Como exemplo temos o jogo *Battlefield*, atualmente na sua versão 4, que sempre se destacou por ter grandes ambientes virtuais.

Figura 1.1 – Imagem do jogo *Battlefield 4*, produzido pela Eletronic Arts. Seu vasto ambiente virtual é um dos recursos que aumentam o realismo.

1.1.1 Ambientes virtuais

A rigor, um simples editor de texto em seu computador é um ambiente virtual interativo. Há um espaço no qual se pode interagir com o meio e, em muitos casos, com outras pessoas que estejam interconectadas. Elas podem editar o texto da mesma forma que as demais, e todas podem ver o que as outras estão escrevendo. O mesmo acontece em ambientes de jogo. Você pode jogar *online* ou *offline*, com seus amigos ou com o computador. Basta que haja um sistema que permita a interação com o meio virtual. Em geral, os jogos permitem que você utilize o mouse, o joystick, o teclado, o guidão, pedais, luvas, óculos 3D, vestimentas em geral etc. como acessórios para interagir com a sua interface. A interface, por sua vez, é uma base de programação interativa que reúne todos os elementos necessários para gerar o jogo propriamente dito, isto é, o ambiente no qual você pode interagir com o computador ou com outros jogadores.

1.1.2 Jogos 2D e 3D

A definição de ambientes 2D situa um jogo, por exemplo, em uma interface de interação planificada, como em uma imagem de computador. A interação se restringe ao plano visual da tela do computador, isto é, ao plano delimitado pelos eixos cartesianos x e y. Mesmo que o estilo visual do jogo esteja em um plano 3D aparente, o jogo pode não ter interação 3D.

Figura 1.2 – Tela do jogo *Plants versus Zombies* versão inicial, criado pela Eletronic Arts. Visual com poucos elementos 3D e interação limitada ao ambiente 2D. A EA foi fundada em 1982 por Trip Hawkins e hoje é uma das maiores desenvolvedoras independentes de jogos.

Em um jogo 3D ou de ambiente interativo 3D, é possível navegar através de limites além do plano xy, ou seja, nos planos de interação xz e yz. O eixo z determina a profundidade, sendo um eixo perpendicular aos demais. Há, portanto, acréscimo de mais dois planos (cartesianos) espaciais.

Figura 1.3 – Exemplo de ambiente realista 3D com interação 3D em cena de *Need For Speed*, jogo de corrida de carros que simula carros reais correndo nas ruas.

1.2 Considerações acerca dos elementos 2D e 3D de um jogo

As limitações relativas de cada ambiente de jogo determinam, em parte, seu modo de construção (produção) e interação (ou interatividade).

Considerando questões de produção e desenvolvimento de jogos, faz mais sentido construir personagens 3D para animações e cenários 3D, pois, dessa forma, haverá mais recursos de animação para inseri-los no jogo como elemento apropriado (3D). Sendo assim, a experiência de interatividade pode ser mais atrativa e as possibilidades de interação, relativamente maiores e mais ricas. Isso não significa que não seja válido construir personagens 3D para jogos 2D. Neste caso, a razão pode ser estética/visual, uma concepção de estilo e forma, que dará ao jogo o contexto, o figurino e o cenário desejados. Os estilos também definem muito sobre o jogo, isto é, qual será o seu visual, como funcionará a jogabilidade etc.

No processo inverso, elementos 2D em um jogo 3D podem ajudar no salvamento de processamento, melhorando a performance geral do jogo quando não se faz necessário um elemento 3D.

1.2.1 Personagens 2D e 3D

Um personagem construído em 3D pressupõe possibilidades de movimento dentro de um ambiente virtual 3D, mas tudo depende do que foi previamente animado e programado para acontecer no jogo. As etapas de desenvolvimento de jogos compreendem um assunto bastante amplo, diverso, que depende muito do tipo de jogo que será desenvolvido.

Construir personagens 3D e animá-los para que se tornem interessantes é apenas parte do processo de desenvolvimento de jogos digitais interativos. É preciso lembrar que, quanto mais complexo o jogo em termos de modelagem, densidade da malha e quantidade de texturas, mais será exigido do hardware que o rodará. Esse é, em geral, um dos maiores desafios dos jogos realistas. Neste livro, abordaremos processos de modelagem e animação básica para jogos digitais 3D.

> **Fique de olho!**
>
> Apesar de um jogo 3D apresentar mais possibilidades de interatividade, isso não significa que seja de melhor jogabilidade ou mais interessante de se jogar. A criatividade dos produtores pode levar um jogo 2D a um nível de entretenimento superior, atraindo mais jogadores que um jogo 3D. Depende da criatividade e do conhecimento técnico da produção.

1.3 Motores de jogos

Motores de jogos, ou *engines*, são interfaces que concentram todos os elementos de um jogo e os tornam "jogáveis", com todas as suas definições de possibilidade de interação entre jogador e jogo. A cada comando no joystick ou teclado, a cada clique do mouse ou periférico qualquer que interaja com o jogo, há uma reação prevista pelos programadores. O motor de jogo interconecta tudo isso e torna o jogo viável tecnicamente. O conceito de jogabilidade depende em parte do motor de jogo e em parte da programação bem executada que ajusta o próprio motor de jogo. É importante considerar o motor de jogo, pois ele é um limitador também, isto é, ele é quem vai definir questões de configuração e de desempenho do jogo. A etapa de programação é definitiva e o modelador e o animador dos elementos de jogo devem ter ciência das variantes e limitações do motor.

> **Amplie seus conhecimentos**
>
> Para se construir um jogo são necessários roteiro, *storyboard*, definição das estratégias, definição dos personagens, programação e vários outros itens de produção que vão muito além do escopo deste livro. Ter uma ideia das múltiplas disciplinas que envolvem a produção do jogo faz parte de um perfil profissional apreciado no mercado de games. Procure saber sobre as diferentes etapas de produção de um game e fique por dentro dos processos necessários. No Brasil, temos diversos websites que tratam de desenvolvimento de jogos, como <www.gamedev.com.br> e <www.gamestorming.com.br>, além de simpósios como o SBGames. Mais informações em <http://sbgames.org.>

Vamos recapitular?

Neste capítulo, abordamos brevemente questões de ambientes virtuais e de jogos digitais, considerando seus personagens e suas possibilidades de interação do ponto de vista do jogador e de quem os desenvolve. Também ficamos sabendo que é preciso considerar as diferentes etapas de desenvolvimento para se conceber um jogo e que ter esse perfil de conhecedor dos processos pode trazer vantagens competitivas no mercado profissional.

A partir do próximo capítulo você será guiado aos processos iniciais de desenvolvimento de personagens para jogos digitais, considerando a modelagem e animação de elementos 2D e 3D. Serão abordados, mais especificamente, os processos e técnicas mais utilizados para modelar personagens e dar-lhes movimento a partir de conceitos básicos de modelagem e animação.

Ambientes 2D e 3D

Agora é com você!

1) Faça uma pesquisa sobre os dez principais jogos 2D e 3D do mercado. Utilize critérios como os mais jogados, os mais baixados da internet, se possuem um ambiente 2D ou 3D, níveis de interatividade etc. Existem sites que publicam o ranking por categoria dos jogos mais populares. Procure saber sobre seus gráficos e sobre sua jogabilidade em relação à sua popularidade geral.

2) Elabore uma tabela comparativa entre os jogos e tente estabelecer uma pontuação para cada um, tendo os critérios estabelecidos como referência de índices. Tire suas próprias conclusões acerca da pontuação dada.

3) Cite dois dos seus jogos favoritos e levante suas principais características. Procure saber quais ferramentas foram utilizadas em seu desenvolvimento, qual motor de jogo etc.

4) Já pensou em fazer um jogo? Então, use a criatividade e descreva como seria a história que você gostaria que ele contasse.

5) Que tal fazer esse jogo? Comece com um esboço do que seria o personagem principal, lembrando que você pode buscar alguns personagens já existentes como referência.

6) Além do esboço do personagem, esboce como seria o espaço virtual ocupado pelo seu jogo.

2

A Modelagem 3D

Para começar

Existem algumas técnicas para se modelar um personagem 3D. Muitas dependem de certas ferramentas disponibilizadas em softwares de computação gráfica 3D criados para este fim. Neste capítulo, vamos explorar um pouco o processo inicial e as principais técnicas mais utilizadas no mercado da computação gráfica profissional.

2.1 Referências para a modelagem

De modo geral, parte-se de uma referência externa para se dar início à modelagem. Alguns autores sugerem que o artista utilize um desenho ou "sketch" como referência ao fundo da janela de visualização do software 3D. Outros sugerem que, para obter mais realismo e precisão, seja realizada uma digitalização 3D do objeto em questão, que será utilizada como referência de modelo 3D. Quando o objeto (ou personagem) não existe no mundo real, sugere-se que ele seja construído em argila especial antes de se avançar para um dos processos mencionados, isto é, a imagem (fotografia ou desenho) ou a digitalização 3D (elemento 3D).

2.1.1 Imagens e fotografias como referência para a modelagem

Para utilizar uma imagem ou fotografia digital como referência para a modelagem, é necessário inseri-la nas janelas de visualização do software 3D para que, assim, se faça a modelagem desejada. Em cada ângulo de visualização do software é inserido um plano de projeção paralela (ou ortográfica) como imagem do objeto a ser modelado. Desta forma, há referências em mais de um plano cartesiano. A imagem pode ser um desenho, uma ilustração, uma fotografia etc. Seja qual for o tipo de imagem que você tenha, quanto mais precisas e sincronizadas forem as suas projeções, mais fácil será o processo de modelagem.

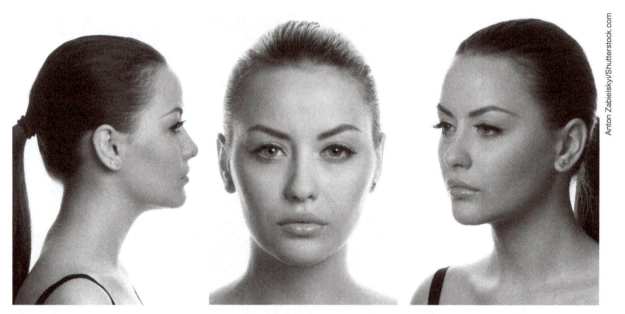

Figura 2.1 – Fotos como estas podem ser usadas como referência para modelagem, desde que previamente alinhadas.

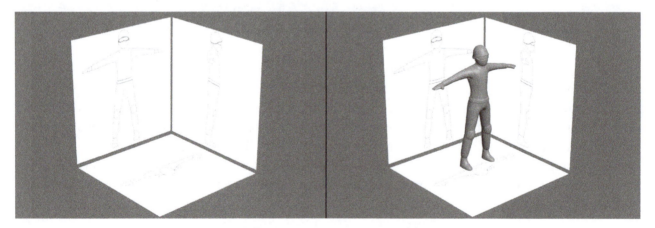

Figura 2.2 – As figuras mostram as imagens de referência aplicadas no programa 3D e em sequência com o modelo concluído.

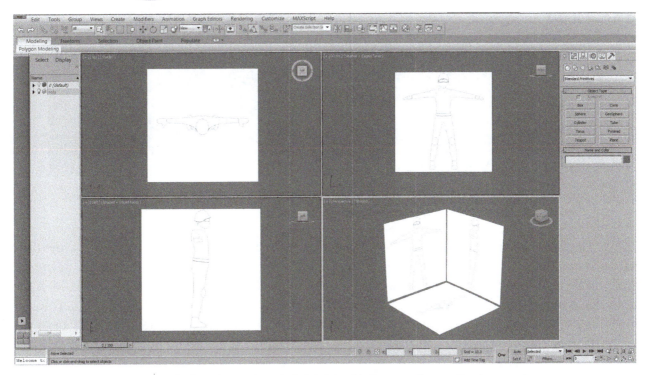

Figura 2.3 – Tela do software Autodesk 3ds Max 2015 com as fotos aplicadas nos planos.

2.1.2 Digitalização 3D como referência de modelagem

Nos últimos anos, a tecnologia avançou muito no tocante à digitalização 3D. Hoje em dia é possível obter, em minutos, objetos 3D a partir de fotografias digitais. Equipamentos mais caros podem digitalizar uma pessoa inteira rapidamente, com muita precisão. Grandes empresas de games estão utilizando a digitalização 3D a laser para digitalizar bairros inteiros como referência de cenários virtuais. A utilização de *drones* possibilita realizar a digitalização de uma grande área a partir de sua vista aérea.

O arquivo resultante da digitalização 3D, em geral, pode ser importado para o software de modelagem e serve como referência direta de formas e dimensões. Não há necessidade de ter as imagens de referência. Neste ponto você pode se perguntar: por que não utilizar, então, a malha resultante da digitalização 3D de forma direta? Por que ela só serve para referência? A malha oriunda de uma digitalização 3D é muito densa, aleatória, triangular, e não serve para manipulação. Portanto, via de regra, é necessário refazer essa malha de forma que ela seja útil para o jogo ou animação.

Figura 2.4 – Exemplo de modelo obtido por meio de digitalização 3D. Observe que a malha é composta de muitos triângulos. Modelo disponível em <http://graphics.stanford.edu/data/3Dscanrep/>.

A malha 3D para um jogo, por exemplo, deve ser a mais leve possível. Isso significa que deve haver o mínimo de vértices e faces, somente o suficiente para se fazer uma representação adequada ao estilo de jogo. Quanto mais densa a malha, mais o jogo vai exigir do hardware para rodá-lo. Ajustes no jogo podem ser predefinidos para que ele se ajuste à maioria dos computadores em termos de mercado popular. Porém, jogos mais realistas, mais complexos, com mais elementos simultâneos vão exigir hardware, processamento e placas de vídeo específicas para ajudar no processamento de todos os elementos necessários.

Fique de olho!

É possível adquirir uma forma 3D virtual a partir de fotografias, que podem ser até aquelas que você captura com seu celular. Pesquise sobre modelo 3D a partir de fotos.

Agora você sabe que precisa iniciar por uma referência. Vamos verificar como modelar a partir dela.

2.2 As principais técnicas de modelagem de personagens 3D

Existem várias técnicas para se modelar um objeto 3D virtualmente. Elas estão geralmente relacionadas às ferramentas disponíveis no software correspondente. Em relação ao tipo de malha 3D, há pelo menos dois caminhos que podem ser trilhados no processo de modelagem: modelagem NURBS e modelagem poligonal.

2.2.1 Modelagem NURBS

A modelagem NURBS parte de linhas geradas por uma complexa matemática que torna sua curva uma constante, não dependente de segmentos. O nome da técnica é a sigla para *Non-Uniform Rational Basis Spline* (linha de base racional não uniforme) e ela surgiu nos anos de 1950 como forma de representar matematicamente curvas complexas. Essas linhas combinadas formam superfícies do tipo NURBS, que inicialmente foram usadas exclusivamente para a produção industrial. A partir dos anos 1980, sua aplicação estendeu-se aos personagens virtuais.

Figura 2.5 – Carro feito com superfícies NURBS em que podemos verificar a malha gerada.

A malha gerada pela modelagem NURBS é adaptativa, de forma que sua superfície será sempre curva e suave. Assim, mesmo ao nos aproximarmos dela, não haverá visualização de faces ou arestas. Não existem níveis fixos de subdivisão, ao passo que, nas malhas comuns formadas por polígonos, é necessário subdividi-las diversas vezes para visualizarmos a superfície como curva. Da mesma forma, a cada subdivisão ocorre um reposicionamento dos vértices, ao contrário do que acontece nas superfícies NURBS, que têm sua curvatura constante.

Esse tipo de modelagem conheceu seu auge no final dos anos 1990, tendo sido utilizado tanto para modelos estilizados, como nos personagens dos primeiros filmes da série *Toy Story*, como para personagens reais, como os dinossauros do filme *Parque dos Dinossauros*. Porém, apresenta diversas dificuldades para a modelagem orgânica, e por isso a técnica foi aos poucos abandonada.

Embora a modelagem NURBS nos dias atuais tenha sido substituída pela modelagem poligonal na criação de personagens e objetos orgânicos, suas superfícies de curvatura constante ainda são a preferência na produção industrial dos mais diversos objetos, de carros e aviões a telefones celulares e brinquedos.

2.2.2 Modelagem poligonal

A modelagem poligonal é aquela em que diversos triângulos formam uma superfície tridimensional. Seu surgimento representa o início da computação gráfica, no final dos anos 1950, quando a criação de formas era feita descrevendo-se a posição de cada vértice no espaço. Dada a pouca capacidade de processamento dos computadores de então, os primeiros objetos eram formados de poucos vértices, sendo reduções de um modelo do mundo real.

Com a evolução dos computadores foi possível lidar com cada vez mais polígonos, mas era difícil lidar com formas complexas usando esse tipo de modelagem, e ela acabou perdendo espaço para a superfície NURBS. Porém, no final dos anos 1990, começou a se popularizar o conceito de subdivisão de polígonos, que fez com que aos poucos esse tipo de modelagem se tornasse o método mais usado para diversos fins. Como mencionado anteriormente, a única área que esse tipo de modelagem não atende é a produção industrial, visto que sua curvatura depende do nível de subdivisão empregado, por ser feita essencialmente de triângulos.

Figura 2.6 – Exemplo de modelo poligonal sendo subdividido sucessivamente. Observe como a forma muda, ao mesmo tempo em que o objeto passa a ter uma curvatura em vez de faces.

Amplie seus conhecimentos

Você sabia que uma superfície 3D é constituída de vértices, arestas e faces? Os vértices são pontos no espaço que se conectam e formam as arestas. Ao conectarmos três vértices temos a criação de uma face. Essencialmente, toda superfície 3D é feita de triângulos, porém os softwares 3D optam por ocultar algumas arestas, criando polígonos, que são compostos de duas ou mais faces. Veremos no Capítulo 3 que, ao subdividirmos um polígono em uma superfície 3D, o ideal é que ela seja composta de polígonos de quatro lados para que haja mais suavidade no resultado final.

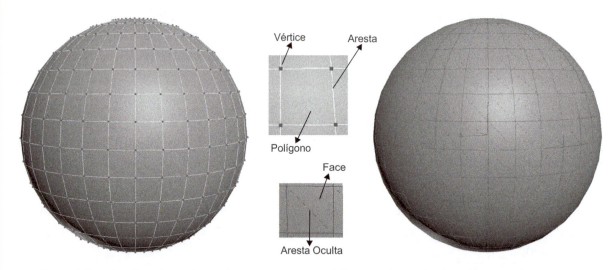

Figura 2.7 – Visualizando os elementos em uma esfera: vértices, arestas, polígonos, faces e arestas ocultas.

2.2.3 Modelagem de personagens para games

Em jogos, os modelos são sempre feitos usando-se modelagem poligonal, porém a quantidade de polígonos utilizada varia bastante. O fator determinante é a capacidade do equipamento que vai rodar o jogo, visto que equipamentos mais modernos e poderosos podem processar mais polígonos do que um maquinário mais antigo. Deve-se levar em conta também o papel que o modelo terá no jogo: personagens principais costumam ter mais detalhes do que personagens secundários ou figurantes. Por último, ainda temos a distância do objeto em relação ao observador; nesse caso, é comum existirem duas ou mais variações do mesmo modelo, uma com bastante detalhe e outras com menos, criando-se algo chamado nos jogos de níveis de detalhamento, costumeiramente representado pela sigla em inglês LOD (*Level Of Detail*).

Portanto, o procedimento adotado em geral é a criação de um modelo bem detalhado, que possa ser utilizado pelos equipamentos mais potentes, e de diferentes simplificações desse modelo. Existem alguns métodos que podem ser utilizados para a modelagem desses personagens, todos por meio de modelagem por subdivisão, e o que muda é a forma como essa modelagem se inicia:

1) *Box Modeling*: esta técnica parte de uma forma primitiva, como um cubo ou uma caixa (um box). Após criado o box, são criadas subdivisões sucessivas na malha 3D além do correto posicionamento de vértices e arestas. A vantagem desse processo é a visualização do volume desde o começo.

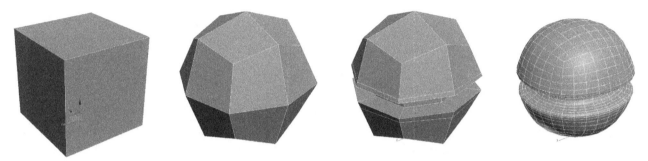

Figura 2.8 – Etapas de uma modelagem do tipo *Box Modeling*.

2) Extrusão de Arestas: nesta técnica a modelagem começa com um plano, em geral composto de um único polígono. A partir desse polígono, faz-se um reposicionamento dos vértices iniciais, e então são criados novos polígonos a partir das arestas. A vantagem desta técnica é a criação direta da forma que se quer fazer, porém não há visualização do volume final logo no começo.

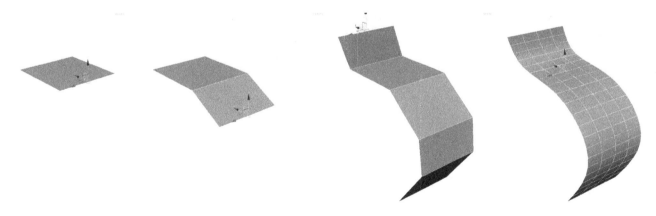

Figura 2.9 – Etapas de uma modelagem do tipo Extrusão de Arestas.

3) Vértice a Vértice: este tipo de modelagem é semelhante ao anterior, porém, em vez de partir das arestas, novas faces são criadas a partir de vértices. Isso é possível, pois alguns softwares possuem ferramentas que possibilitam a construção de uma face 3D a partir da identificação de uma área com quatro vértices isolados. A face é preenchida automaticamente,

criando-se sempre polígonos de quatro lados, bastando posicionar depois cada vértice no espaço virtual. Da mesma forma que na técnica anterior, aqui também temos a vantagem da criação direta do modelo, sem necessidade de muitos cortes para redefinir formas, mas também não há visualização do volume geral no início do processo.

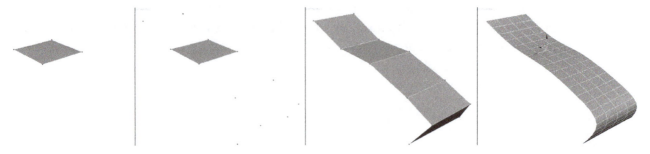

Figura 2.10 – Etapas da modelagem Vértice a Vértice.

4) **Modelagem por Linhas:** a modelagem poligonal também pode partir de linhas – e é possível construir uma modelagem inteira com esta técnica. Nesse caso, as linhas servem de base e depois recebem modificações que as transformam em 3D. Entre as operações mais utilizadas temos a extrusão e a revolução de linhas, além de outras formas mais complexas.

Figura 2.11 – Exemplo de modelagem por linha, com a aplicação de uma extrusão e uma revolução a partir da mesma forma da esquerda.

As técnicas *Box Modeling* e Extrusão de Arestas são as mais comuns em fóruns e tutoriais pela internet. A técnica Vértice a vértice é mais recente e ideal para quem tem uma boa referência da forma, seja em imagens, seja em um arquivo 3D capturado via escaneamento 3D. A modelagem por linhas pode não ser recomendada para certas formas mais orgânicas por ser de difícil suavização no acabamento, por isso sua utilização ocorre normalmente como ponto de partida para alguma das outras técnicas. Perceba que conhecer as múltiplas técnicas pode facilitar o seu trabalho. Assim, dependendo da forma do modelo, pode ser mais interessante utilizar esta ou aquela técnica.

Vamos recapitular?

Vimos neste capítulo que a modelagem de personagens evoluiu dos polígonos criados diretamente para a modelagem por NURBS, posteriormente retornando aos polígonos, porém com subdivisão. Esse método é o padrão para modelagem tanto em jogos como no cinema, existindo algumas técnicas para se chegar no resultado final.

São descritas no capítulo as principais técnicas de modelagem utilizadas no mercado atual.

1) *Box Modeling*: modelagem feita a partir de uma forma primitiva;

2) Extrusão de Arestas: técnica que compreende a aplicação de extrusão nas arestas e seu posterior reposicionamento no ambiente 3D;

3) Vértice a Vértice: modelagem feita por meio da criação de vértices, que são posicionados no espaço e depois completados com um polígono de quatro lados;

4) Modelagem com Linhas: modelagem feita a partir da forma de uma linha no espaço.

Não esqueça que uma boa referência pode fazer a diferença no processo como um todo.

Agora é com você!

1) Os primeiros personagens mais complexos que apareceram no cinema utilizavam a malha NURBS. Apesar de hoje em dia a técnica não estar mais em uso, faça uma pesquisa na internet e apresente três personagens feitos com ela.

2) Foi mencionado que é possível criar um modelo 3D a partir de fotos, então, que tal experimentar por conta própria? Atualmente, temos um programa gratuito chamado 123D Catch, da Autodesk. Experimente gerar um modelo com ele.

3) A partir do software que você utiliza, procure testar todas as técnicas mencionadas, uma a uma, estudando suas características. Verifique com qual delas você tem mais facilidade de trabalhar. Procure entender seus processos e limitações. Peça auxílio ao seu instrutor para que você proceda da forma correta, sem limitar sua criatividade. Pense que em 3D tudo é possível, basta saber como realizar. Concentre-se na modelagem e perceba que é possível mesclar as técnicas quando conveniente. Explore ao máximo o processo. Um piloto é considerado apto a voar após cumprir um mínimo de horas de voo, portanto, cumpra as suas horas na modelagem!

4) Você já percebeu que uma modelagem começa por uma referência, seja ela uma imagem ou um arquivo digitalizado 3D. Se você não tiver alguma referência e não souber como criar uma, tente buscá-la na internet ou no manual digital do seu software. Nesses locais certamente você vai encontrar não só a referência, mas também alguns passos importantes relativos às ferramentas disponíveis para poder avançar de modo correto. Existem blogs e websites especializados, com referências de todo o tipo. Procure uma referência simples, de formas mais básicas. Comece devagar para não se frustrar.

5) Com a sua imagem em mãos, posicione-a em planos para utilizar de referência no software e comece a trabalhar o modelo. Peça orientação ao seu instrutor, ele pode auxiliá-lo tanto na escolha da referência como nas etapas da modelagem.

3

Modelagem Poligonal

Para começar

A modelagem poligonal é a mais usada tanto nos games como em animações 3D. Sua técnica é bem difundida e pode ser utilizada em todos os softwares. Neste capítulo, vamos apresentar os conceitos da modelagem poligonal: são três princípios básicos que, em seguida, serão aplicados na criação de um personagem.

3.1 Entendendo a modelagem poligonal

Na modelagem poligonal, trabalhamos com polígonos e seus componentes: vértices e arestas. O modelo resultante desta concepção inicial é então subdividido, adquirindo uma forma suave. Como visto no Capítulo 2, as técnicas de *Box Modeling* e Extrusão de Aresta são as mais utilizadas, e serão aplicadas na modelagem do nosso personagem. Para isso, precisamos entender o funcionamento básico de todo tipo de modelagem poligonal. Utilizaremos aqui o software 3ds Max, começando com a criação de um cubo e acessando seus componentes para a modelagem. Primeiro, é necessário converter o objeto para *Editable Poly*, e assim aparecem seus cinco subobjetos: *vertex* (vértice), *edge* (aresta), *border* (borda), *polygon* (polígono) e *element* (elemento).

Vejamos então o que acontece ao subdividir esse cubo. Para isso, aplicamos um modificador chamado *Turbosmooth*. Conforme aumentamos os níveis de subdivisão no parâmetro *Iterations*, vemos que nosso cubo tornou-se uma esfera. Isso acontece porque todos os vértices possuem distância igual entre si, o que faz com que a subdivisão gere uma curva perfeita. Atenção: não coloque mais do que cinco níveis no *Turbosmooth*, pois isso pode afetar a performance do programa e causar travamentos!

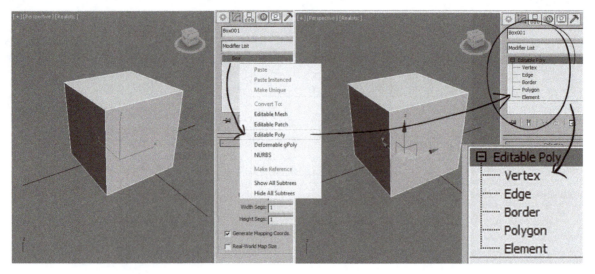

Figura 3.1 – Ao converter o cubo para *Editable Poly* temos acesso aos subobjetos e às ferramentas de modelagem poligonal.

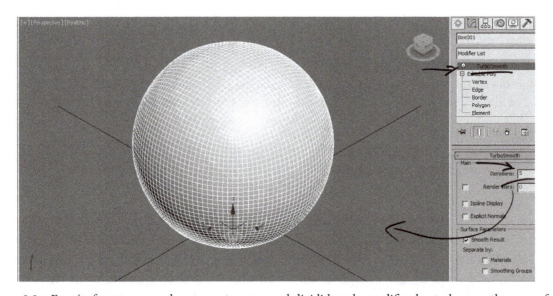

Figura 3.2 – Esta é a forma que o cubo passa a ter ao ser subdividido pelo modificador turbosmooth: uma esfera.

Vamos agora voltar ao nosso objeto-base, que ainda é um cubo, clicando em *Editable Poly* para começar a mexer com ele. Como ponto de partida, podemos acrescentar novos vértices e arestas. Para isso, existem diversas opções. Usaremos primeiro o comando *Swift Loop*, que será muito utilizado durante a modelagem. Com o comando ativado, basta passar o mouse sobre o cubo para obter uma previsão de onde criar um corte na malha. Clique então no meio do cubo, com cuidado, faça somente um corte e volte ao *Turbosmooth* para ver o que acontece.

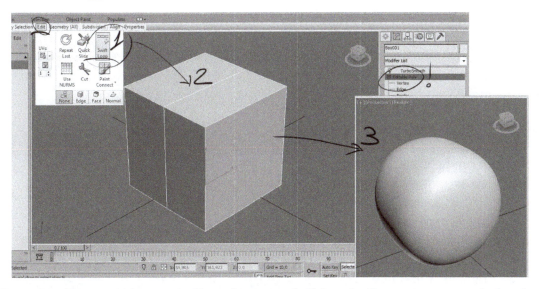

Figura 3.3 – Temos aqui 3 etapas: 1 – ligar a ferramenta *Swift Loop*; 2 – Fazer um corte no meio do cubo; 3 – Ver o resultado com o *Turbosmooth* ativado.

Vemos que agora o nosso cubo, ao ser subdividido, deixa de ser uma esfera, ficando mais parecido com um cilindro de cantos arredondados. Por que isso aconteceu? Porque agora não temos mais vértices com as mesmas distâncias entre si. Além disso, temos três vértices formando uma linha reta. Experimente agora colocar mais um corte, dessa vez próximo do canto, conforme a Figura 3.4.

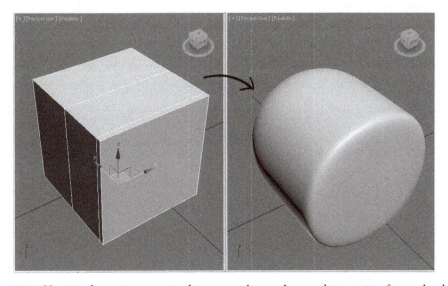

Figura 3.4 – Um simples corte no canto do nosso cubo muda completamente a forma do objeto. Temos aqui a comparação novamente com o *Turbosmooth* ativo.

Aqui temos uma demonstração do primeiro princípio da modelagem poligonal: vértices e arestas próximos deixam os cantos vivos após aplicação da subdivisão. Da mesma forma, se deixarmos vértices e arestas afastados, obteremos formas mais suaves. É possível modelar qualquer coisa a partir do posicionamento de vértices no espaço de uma forma que lembre o formato do objeto que desejamos criar e da colocação de novas arestas nos cantos que queremos deixar mais marcados.

Modelagem Poligonal

3.2 Modelando objetos

Após entender o funcionamento da modelagem poligonal, precisamos aprender como chegar ao resultado que queremos. Para isso dispomos de diversos recursos, e veremos a seguir algumas dessas ferramentas básicas.

Vimos anteriormente que a ferramenta *Swift Loop* faz cortes no nosso objeto, porém sempre cortando-o por inteiro e seguindo as arestas que estão ao lado da área de corte. Quando começamos a desenvolver formas mais complexas, deparamo-nos com a necessidade de cortes mais livres na malha, e para isso temos a ferramenta *Cut*. O uso dessa ferramenta exige um cuidado posterior para que se mantenha a suavidade da malha subdividida. Como exemplo faremos um corte cuidadoso no objeto em que estávamos trabalhando, como mostra a Figura 3.5.

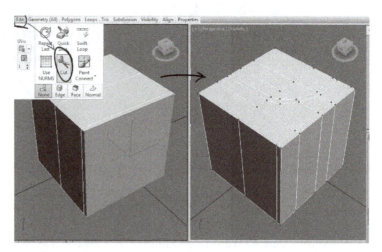

Figura 3.5 – Cortes feitos com a ferramenta *Cut*, criando-se caminhos diferentes do que seria possível com o *Swift Loop*, mas mantendo-se os polígonos com quatro lados.

Os cortes mostrados anteriormente foram feitos seguindo-se o segundo princípio que já foi mostrado no capítulo anterior: para uma boa suavização, é necessário que os polígonos tenham sempre quatro lados. Porém, ao modelarmos, será comum nos depararmos com diversos problemas para seguir essa regra. Para resolvê-los, só com bastante prática de modelagem. Veremos na Figura 3.6 quatro formas básicas de resolver situações que encontramos durante a modelagem.

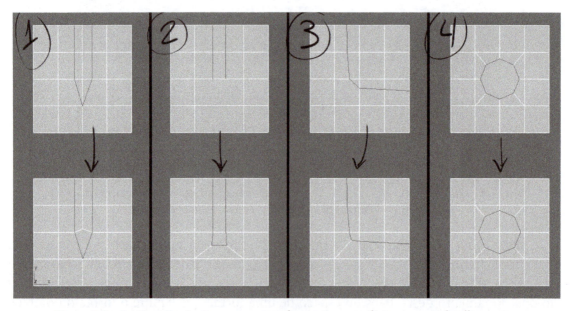

Figura 3.6 – As situações 1 e 2 ocorrem quando precisamos adicionar mais detalhes a uma determinada área sem cortar o objeto inteiro e a situação 3, quando precisamos fazer um desvio de direção no corte. Na situação 4, tínhamos um polígono de oito lados.

Observe que em todas as soluções foi possível manter polígonos com quatro lados, que é um dos objetivos para uma correta suavização da malha. Na Figura 3.6, também podemos ver que as arestas tendem a formar certos caminhos. Esses caminhos são de extrema importância, especialmente na modelagem orgânica, pois ajudam a definir, entre outras coisas, as expressões faciais do personagem. Os caminhos são chamados de *edge loops* e sua utilização é o terceiro princípio da modelagem poligonal. Podemos usar como exemplo o rosto de um personagem que, durante a animação, será deformado. Nesse caso, teremos problemas se as arestas não seguirem as formas corretas do rosto.

> **Amplie seus conhecimentos**
>
> A modelagem poligonal que conhecemos hoje utiliza a subdivisão criada em 1978 por Edwin Catmull (um dos fundadores da Pixar) e Jim Clark, e por isso é chamada de Catmull-Clark. É o método de subdivisão utilizado por todos os softwares 3D e foi utilizada pela primeira vez em uma animação no curta *Gery's Game*, da Pixar, em 1998. É possível ler o artigo (em inglês) e ver imagens com todos os *edge loops* definindo as expressões faciais no link: <http://graphics.pixar.com/library/Geri/paper.pdf>.

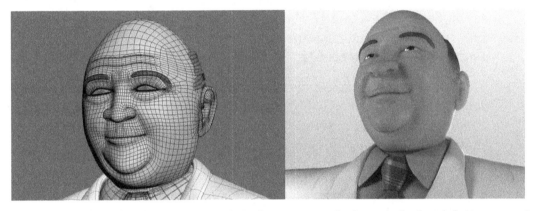

Figura 3.7 – Exemplo de modelo de personagem 3D. Podemos ver os *edge loops* ajudando a definir a expressão facial.

Então, podemos ver na Figura 3.7 que modelos complexos possuem um grande número de polígonos antes mesmo da subdivisão, o que pode assustar um pouco no começo. Por isso, comece tentando modelar formas mais simples e, aos poucos, conforme se sentir à vontade na modelagem, comece a aumentar a complexidade. Porém, procure sempre usar o menor número possível de polígonos, pois aos poucos a gente chega lá. Veja na Figura 3.8 como podemos, a partir de um cilindro, fazer um avião simples.

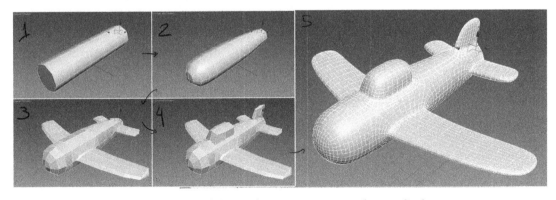

Figura 3.8 – Modelagem de um avião a partir de um cilindro.

Vamos recapitular?

Discorremos no capítulo sobre o funcionamento básico da modelagem poligonal: uma malha composta de polígonos de quatro lados que se aproxima da forma do nosso objeto final. Essa malha é subdividida, formando um modelo suave com cantos arredondados onde os vértices estiverem mais afastados. Por outro lado, vértices mais próximos formarão cantos mais marcados. O caminho que as arestas formam são chamados de *edge loops* e devem ser sempre utilizados para uma modelagem correta.

Agora é com você!

1) Experimente repetir os passos aqui demonstrados até ter bem claro o funcionamento da modelagem poligonal. Peça ajuda ao seu instrutor para conhecer outras ferramentas do *Editable Poly*, como *Extrude*, *Chamfer* e *Inset*, além do modificador *Symmetry*, que cria simetria automaticamente. Desenvolva livremente formas simples e apresente o resultado ao professor.

2) A modelagem depende, em parte, do conhecimento das ferramentas e técnicas, mas também da prática. Por isso o melhor a fazer é praticar! Tente modelar qualquer coisa, crie e recrie os modelos até ficar satisfeito com os resultados. Quanto mais se pratica, mais as soluções para os problemas se tornam visíveis. Veja na Figura 3.6 como resolvemos quatro problemas e tente resolvê-los por conta própria.

3) *Edge loops* são de extrema importância na modelagem poligonal, mas será que você sabe identificá-los? Pegue a Figura 3.7 no site, marque no lado três *edge loops* que julgar importantes e mostre ao professor.

4) Vamos tentar modelar o avião da Figura 3.8? Pegue a imagem em alta resolução no site e vamos lá!

4

Modelando um Personagem 3D

Para começar

Agora que você entendeu o funcionamento da modelagem poligonal, vamos finalmente ao que interessa: modelar um personagem. Antes de começar a modelar, devemos buscar resolver primeiro o personagem no papel e criar o conceito de como ele será. Procure começar seus estudos com personagens simplificados até pegar a prática da modelagem. Para esse exercício, foi elaborada a Figura 4.1 de um soldado, que usará máscara e capacete, de modo a simplificar a modelagem. Da mesma forma, ele usará luvas e botas, e assim não será necessário criar toda a mão ou todo o pé. Como é o primeiro modelo que vamos desenvolver, é recomendado fazê-lo do modo mais simples possível.

4.1 Posicionando as referências

Na Figura 4.1, temos as três imagens que foram criadas para esse exercício. Busque-as no site para aplicar no 3ds Max como imagem de referência.

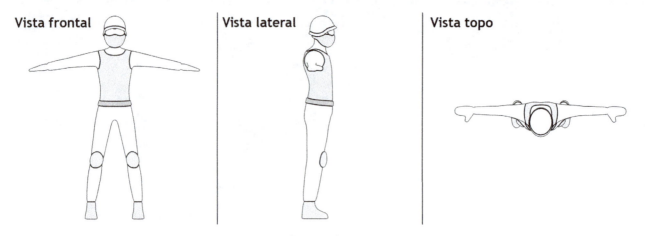

Figura 4.1 – Imagens de referência do personagem a ser modelado.

Com a ajuda de seu professor, crie quatro planos com tamanhos iguais de 200 por 200 e aplique uma imagem para cada vista correspondente. É importante começar posicionando todos no mesmo lugar, no ponto 0,0,0 da cena, e depois deslocar cada um para um lado, de forma que todos fiquem alinhados. Também é recomendado trocar o modo de visualização para *Shaded*, para que não haja sombras nos atrapalhando durante a modelagem. Última dica: selecione todos os planos, clique com o botão direito sobre eles e escolha *Object Properties*. Marque a opção *Freeze*, *Backface Cull* e desmarque o *Show Frozen in Gray*, conforme mostrado na Figura 4.2.

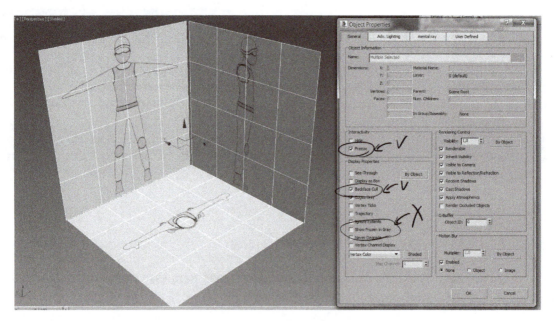

Figura 4.2 – Referências aplicadas e posicionadas. Ao lado temos as opções que escolhemos nas propriedades dos objetos.

4.2 Começando a modelagem

Vamos começar a modelagem criando uma caixa (objeto chamado *Box*) e posicionando-a no centro da cena, com tamanho próximo do corpo do personagem e dois segmentos no comprimento (*length*), dois na largura (*width*) e três na altura (*height*), conforme destacado na Figura 4.3.

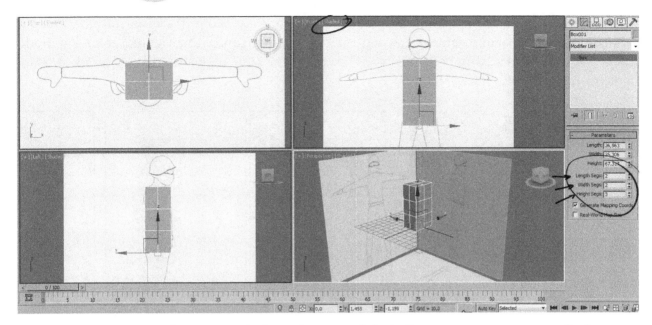

Figura 4.3 – Boxe criado e posicionado de acordo com a referência. Destaque para os segmentos aplicados.

Fique de olho!

Antes de começar a modelar, precisamos fazer pequenos ajustes, como esconder a grade (aperte a tecla G em cada vista), aumentar a resolução das imagens e trocar as vistas para *Shaded*, de modo que não haja sombras atrapalhando a modelagem.

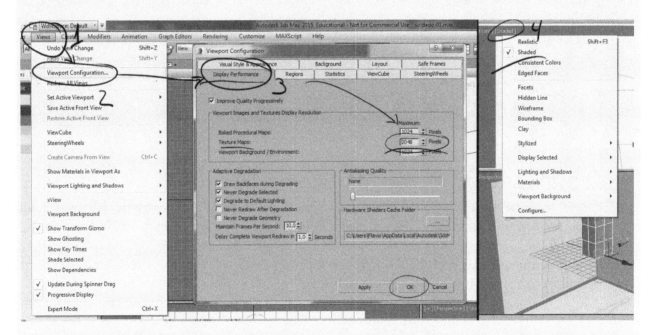

Figura 4.4 – Clique no menu views (1); escolha *Viewport Configuration* (2); vá na aba *Display Performance* e em *Texture Maps* e escolha 2048 Pixels (3); escolha o modo da vista como *Shaded* (4).

Modelando um Personagem 3D

Podemos agora começar a modelagem de fato. Para isso, converta o objeto para *Editable Poly*, conforme feito anteriormente, e apague metade dos polígonos. Em seguida, aplique o modificador *Symmetry*, pois assim podemos modelar apenas um lado, enquanto o outro será feito automaticamente.

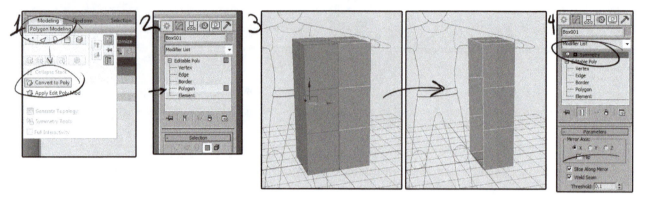

Figura 4.5 – Converter para *Editable Poly* (1); escolher *Polygon* (2); selecionar e apagar metade dos polígonos (3); aplicar modificador *Symmetry* (4).

Fique de olho!

Não é necessário ficar ligando e desligando os modificadores para modelar ou prever como o objeto está ficando. O ideal é deixar os modificadores ligados e trabalhar sempre no *Editable Poly*. Para verificar como está ficando com a simetria, a subdivisão ou qualquer outro modificador, use sempre o botão *Show End Result*.

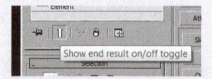

Figura 4.6 – Botão *Show End Result*: liga ou desliga a visualização de todos os modificadores.

4.3 Modelagem do corpo

Vamos começar a modelagem do corpo acertando o volume inicial. A partir da caixa criada anteriormente, manipule os vértices para ir moldando de acordo com o formato do nosso personagem. É bom começar com poucos vértices, pois fica mais fácil de ajustar. Se logo de início já houver uma grande quantidade, será mais difícil acertar um por um. Portanto, adicione mais vértices somente quando o volume inicial estiver bem definido.

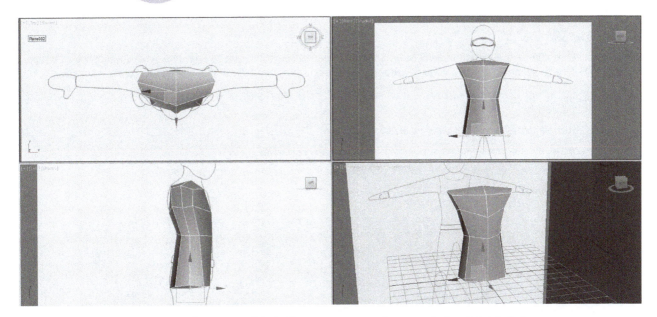

Figura 4.7 – Volume inicial definido apenas movendo-se os vértices iniciais de lugar.

Podemos agora adicionar novas arestas para ajudar a criar a forma do nosso personagem, utilizando a ferramenta *Swift Loop*. Devemos colocar novas arestas e, em seguida, reposicionar os vértices. Faça aos poucos esse processo, e lembre-se novamente de que fica mais fácil acertar o volume posicionando os vértices logo que são criados, pois assim os novos cortes já ficam mais próximos da forma desejada.

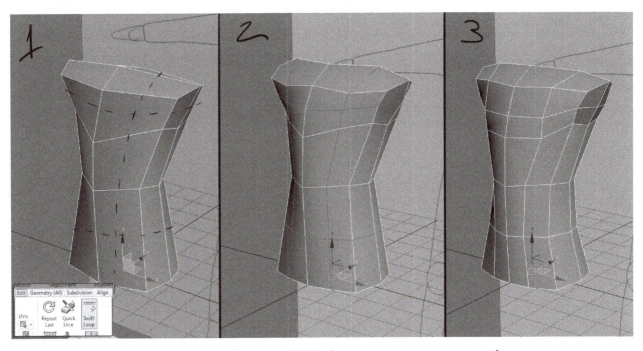

Figura 4.8 – A partir do volume inicial (1), adicionamos novas arestas com a ferramenta *Swift Loop* (2) e reposicionamos os novos vértices (3).

Fique de olho!

Observe que, ao utilizar a ferramenta *Swift Loop*, basta um clique no modelo que se cria uma nova linha sobre as linhas originais. Porém, essa ferramenta funciona de outra forma ao segurarmos as teclas shift, ctrl ou alt e clicar no objeto:

» *Shift*: cria as novas arestas exatamente no meio entre as duas arestas ao lado e reposiciona os vértices já prevendo a forma desejada.
» *Ctrl*: seleciona um *loop* e muda para a seleção de aresta.
» *Alt*: move as arestas selecionadas, deslizando pelos polígonos existentes.
» *Ctrl+Alt*: move as arestas, porém ajusta sua posição para ficar paralela às arestas mais próximas.
» *Ctrl+Shift*: remove *loops*.

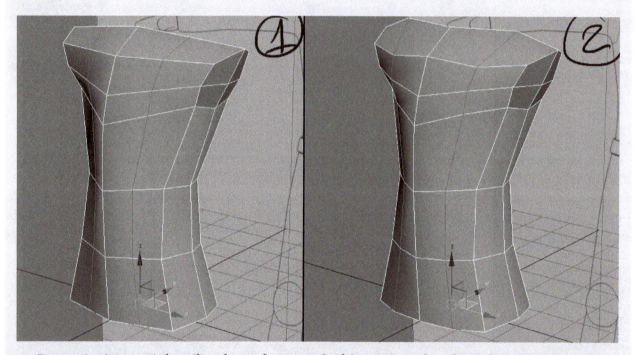

Figura 4.9 – Arestas criadas utilizando-se a ferramenta *Swift Loop*: apenas clicando no objeto (1) e segurando a tecla *Shift* e clicando no objeto (2). Repare como na segunda forma as arestas estão exatamente no meio, com os vértices reposicionados prevendo uma forma arredondada.

Podemos finalizar a nossa forma inicial fazendo uma extrusão dos quatro polígonos mostrados na Figura 4.10 e, mais para frente, fazer o braço do nosso personagem. Após a extrusão é necessário redimensionar esses polígonos com a ferramenta *Scale*, e em seguida reposicionar conforme a imagem de referência. A ferramenta *Align X* ajuda bastante nessa tarefa, deixando todos os vértices alinhados pelo eixo X.

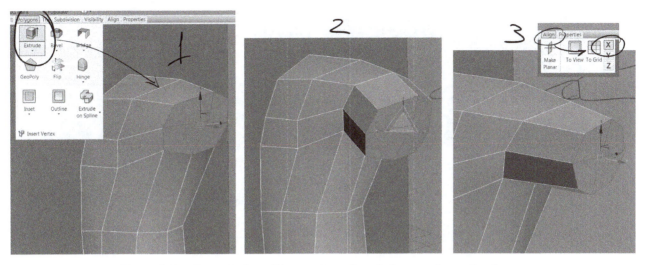

Figura 4.10 – Extrusão do polígono e ajuste dos vértices que formarão o braço.

4.4 Criando as pernas e pés

Para criar as pernas, precisamos adicionar mais um *loop* e ajustar os vértices, como fizemos com o braço, para então poder aplicar a extrusão.

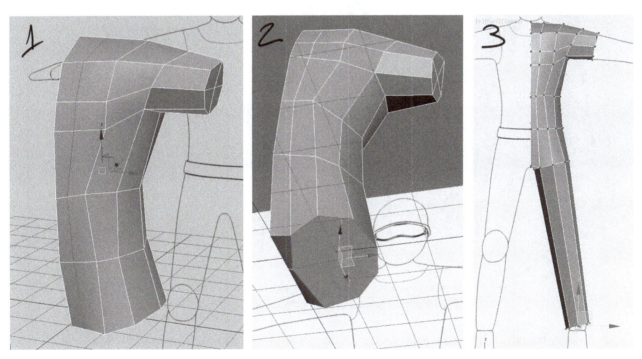

Figura 4.11 – Adição de um novo *loop* (1), ajuste da posição dos vértices (2) e extrusão dos polígonos que formarão a perna, seguido de escala e posicionamento (3).

Seguimos a modelagem da perna com o mesmo procedimento: adicione *loops* e ajuste sua posição e tamanho. Atenção para um detalhe que veremos novamente mais adiante: cada articulação precisa de um mínimo de três *loops* para uma correta deformação durante a animação.

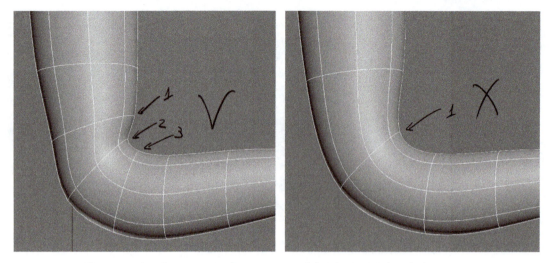

Figura 4.12 – Comparação de uma perna dobrada contendo três *loops* na articulação com outra contendo apenas um *loop*.

Por esse motivo, acrescentamos os seguintes *loops* seguidos dos respectivos ajustes. Lembre-se de conferir em todas as vistas se o posicionamento está correto.

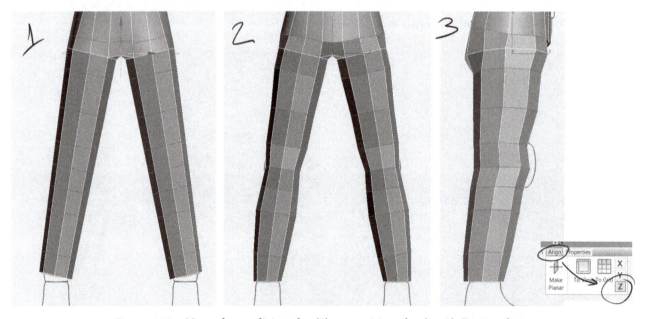

Figura 4.13 – Novos *loops* adicionados (1) e reposicionados (2 e 3). Dica: utilize o *Align Z* na parte de baixo da perna para facilitar a criação do pé.

A cada transição entre as partes do personagem que queremos deixar marcada devemos ter arestas próximas. Nesse caso, podemos usar a ferramenta *Bevel*, que começa funcionando como um *Extrude*, mas também faz um ajuste do tamanho do novo polígono. Aplicando uma sequência de *Bevel*, temos o começo do pé do nosso personagem.

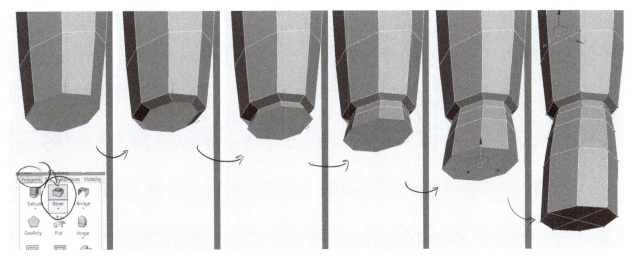

Figura 4.14 – Sequência de Bevel aplicada nos quatro polígonos de baixo. Verifique sempre as outras vistas para determinar onde posicionar os polígonos.

Para finalizar a modelagem do pé devemos primeiro ajustar a posição dos vértices pela vista lateral e depois fazer uma extrusão dos polígonos da frente para criar a ponta do pé. Finalize acertando a posição dos vértices para chegar a uma forma mais próxima do resultado final.

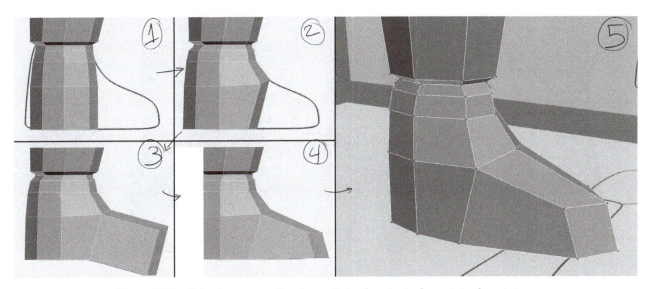

Figura 4.15 – Criando a ponta do pé com *Extrude* e ajuste da posição dos vértices.

Agora que temos uma forma próxima do resultado final, podemos adicionar mais detalhes para segurar o volume desejado após aplicar o modificador *Turbosmooth*.

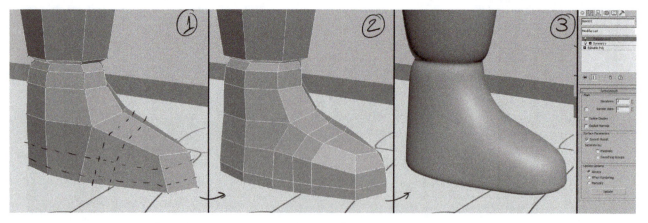

Figura 4.16 – Finalizando o pé com a adição de novos *loops* e posterior ajuste de posição dos vértices. Observe as arestas extras nos locais onde há articulação, como no meio do pé.

Finalizaremos agora esta etapa adicionando detalhes adicionais ao resto do corpo para também preservar o formato desejado com a malha subdividida. Observe que já deixamos as arestas posicionadas no lugar onde ficará o cinto.

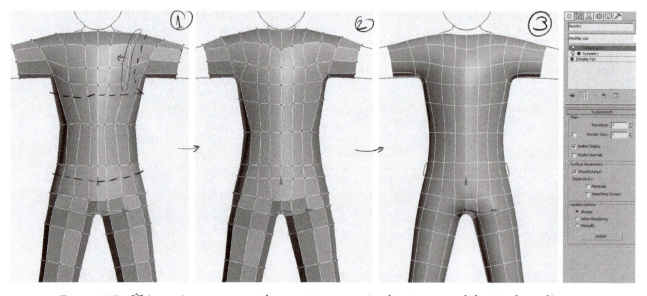

Figura 4.17 – Últimos ajustes no corpo do personagem e a visualização com subdivisão dos polígonos.

Conclua essa etapa com uma verificação geral de todo o modelo. Observe-o de todos os ângulos, faça movimentos de giro na janela do programa e confira toda a volumetria. Cuide para que a parte de trás também fique com formas curvas e orgânicas. Para facilitar a próxima etapa, vamos remover os polígonos do início do braço, conforme podemos ver na Figura 4.18.

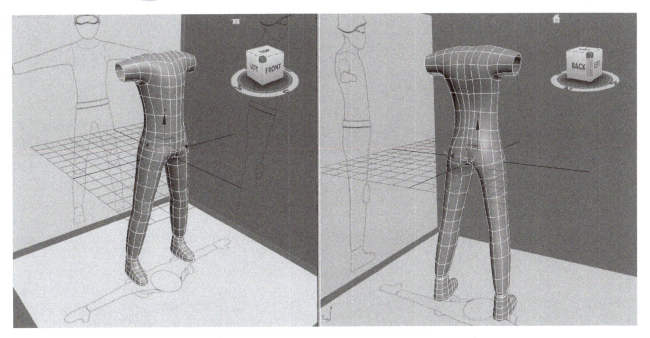

Figura 4.18 – Últimos ajustes no corpo do personagem e a visualização com a subdivisão dos polígonos. Criando os braços e as mãos.

Conforme avançamos na modelagem, veremos que, de certa forma, o processo se repete: extrusão de polígonos, cortes na malha, adição de *loops* e muitos ajustes de posicionamento dos vértices. Uma opção à extrusão de polígonos é a extrusão de bordas, que é feita movendo-se a borda enquanto seguramos a tecla *Shift*. Observe que, enquanto a extrusão do polígono segue a direção de suas faces, a extrusão de borda segue a direção que nós determinamos ao movê-la. Faremos isso para obter a forma inicial do braço.

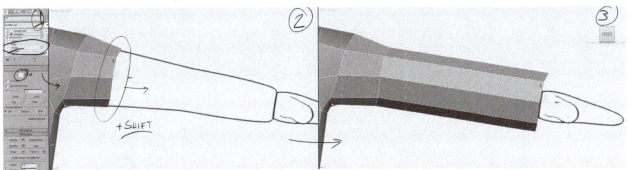

Figura 4.19 – Início do braço feito com extrusão de aresta. Observe que a borda só existe quando há uma abertura na malha, daí a remoção dos polígonos na etapa anterior.

Assim como fizemos com a perna, acertamos a posição dos vértices para em seguida adicionar novos detalhes, em especial nas articulações.

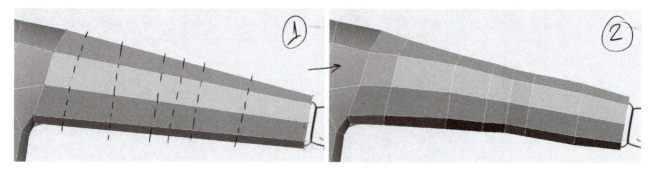

Figura 4.20 – Detalhamento do braço acrescentando novos loops e acertando a escala, sempre com mais detalhes nos pontos onde há articulação.

Podemos começar agora a modelagem da mão da mesma forma que fizemos com o pé, porém utilizando a extrusão de aresta.

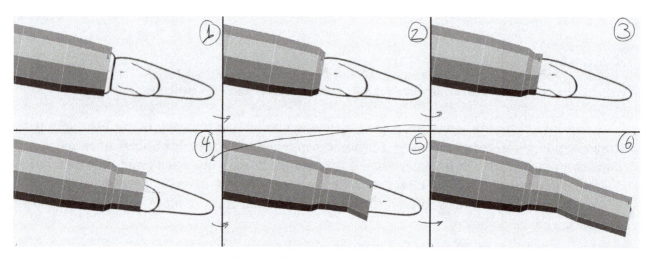

Figura 4.21 – Passo a passo do início da criação da mão. Repare que estamos acompanhando a forma da parte de cima da mão, que é mais curva do que a palma.

Novamente, os ajustes devem ser feitos em outra vista; nesse caso, vamos para a de topo acertar o volume da mão:

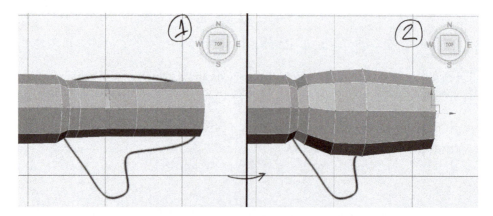

Figura 4.22 – Ajustes no formato da mão movendo-se os vértices a partir da vista de topo.

Fecharemos a ponta da mão selecionando a borda e aplicando o comando *Cap*. Em seguida devemos unir os vértices, conforme a Figura 4.23.

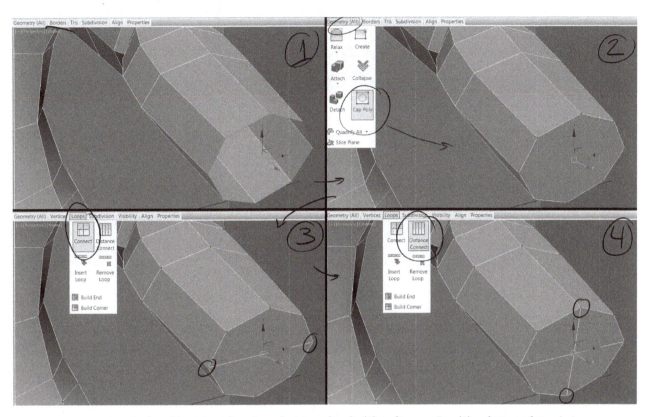

Figura 4.23 – Fechando a ponta da mão: selecione a borda (1), aplique o *Cap* (2), selecione dois vértices opostos e aplique o *Connect* (3), selecione os outros dois vértices e use o *Distance Connect* (4).

Antes de fazer o dedo, vamos acertar o formato da mão, observando a ponta arredondada e a palma mais achatada. Já aproveite para deixar um espaço para o dedo lateral.

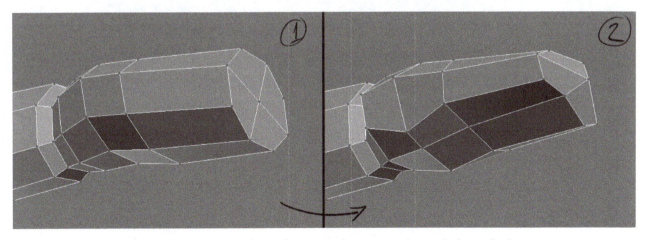

Figura 4.24 – Ajustando o volume para ficar mais próximo da forma final.

Finalizamos fazendo o dedo a partir da extrusão dos quatro polígonos marcados na Figura 4.25 para, em seguida, fazer os ajustes na posição dos vértices. Serão no total três extrusões.

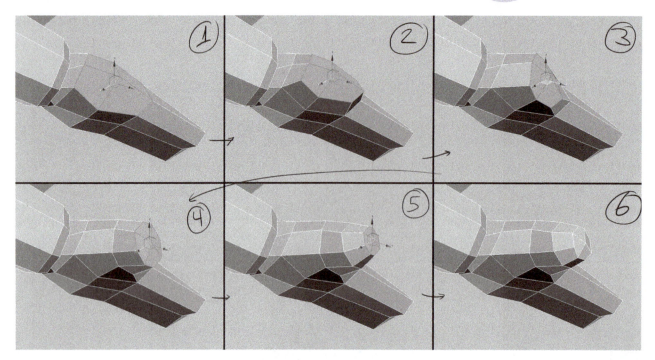

Figura 4.25 – Passo a passo da criação do dedo lateral: seleção de *poligonos* (1), extrusão (2), ajuste dos vértices (3) e repetição do processo (4, 5 e 6).

Confira agora em todos os ângulos se a mão precisa de mais alguns ajustes e acrescente *loops* extras na articulação até considerar essa etapa finalizada.

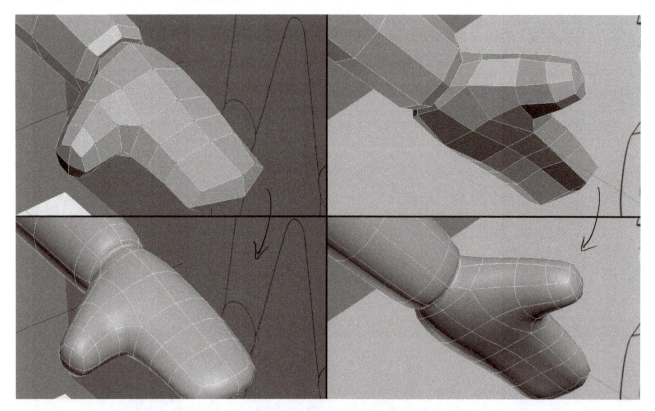

Figura 4.26 – Mão do personagem finalizada vista de dois ângulos, com e sem subdivisão.

Para finalizar, verifique se os *loops* dos braços estão de acordo com a Figura 4.27.

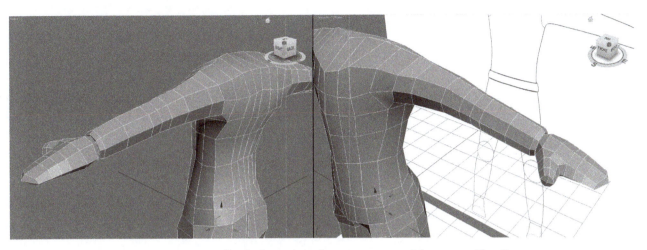

Figura 4.27 – Detalhe da disposição das arestas no modelo para verificação.

4.5 Modelando a cabeça

Para modelar a cabeça, é possível fazer o volume inicial com uma esfera e depois juntá-la ao corpo. Caso opte por modelar diretamente a partir do corpo do personagem, é preferível trabalhar a volumetria com a simetria aplicada. Para isso, selecione o modificador *Symmetry*, clique com o botão direito do mouse e escolha a opção *Collapse To*. Agora é possível selecionar os oito polígonos mostrados na Figura 4.28 e aplicar um *Bevel* para começar a modelagem do pescoço.

Figura 4.28 – Início da criação do pescoço: aplicação do *Collapse* no modificador *Symmetry* (1), seleção dos polígonos (2) e aplicação do *Bevel* (3). Aplicamos o *bevel* sem a simetria para poder manter uma união entre os dois lados. Também agora podemos usar o comando *Geopoly* para tornar nosso polígono um octógono, mas, para isso, é preciso remover as arestas internas desses polígonos.

Fique de olho!

O 3ds Max tem um recurso muito útil que é a transferência de seleção. Quando temos um subobjeto selecionado, podemos transferir essa seleção para os subobjetos que estão no seu entorno. Para isso, segure o *Ctrl* e clique no ícone de outro subobjeto. Na Figura 4.29, selecionamos três vértices, seguramos a tecla *Ctrl* e clicamos no ícone da aresta, fazendo com que as arestas que tocavam esses vértices fossem selecionadas.

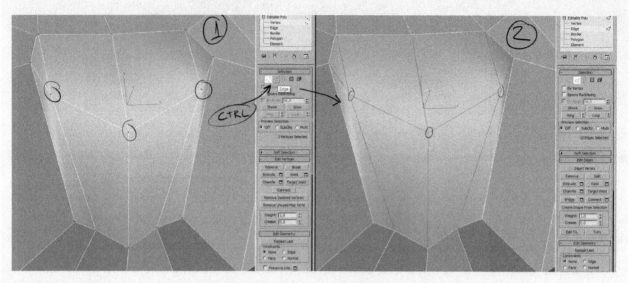

Figura 4.29 – **Transferência de seleção entre vértice e aresta.**

O mesmo vale para transferir uma seleção entre qualquer outro tipo de subobjeto: segurar o *Ctrl* nesse caso seleciona os polígonos. Outra opção é segurar a tecla *Shift*, e nesse caso os subobjetos selecionados são os que estão na borda da seleção.

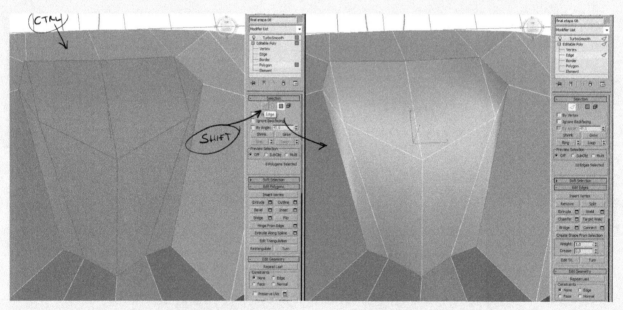

Figura 4.30 – Transferência de seleção entre vértice e polígono segurando-se o *Ctrl* para depois selecionar as arestas da borda segurando o *Shift*.

Modelagem e Animação 2D e 3D para Jogos

Com as arestas selecionadas, remova-as apertando a tecla *Backspace* no seu teclado. Deste modo, os polígonos não são removidos. Preste atenção: trata-se da tecla que costuma ficar acima da tecla *Enter*. Não confunda com a tecla *Delete*, pois esta apaga também os polígonos, criado um buraco na malha.

Agora é possível aplicar o comando *Geopoly* para, em seguida, aplicar a escala nesse polígono, acompanhando a imagem de referência.

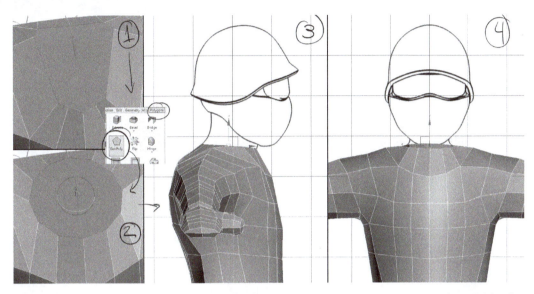

Figura 4.31 – *Polígono* selecionado (1) e com o *GeoPoly* aplicado (2), mais ajustes nas vistas lateral (3) e frontal (4).

Podemos agora apagar esse polígono com a tecla *Delete* e toda a metade do personagem para aplicar de novo a simetria. Caso apareça alguma abertura na malha, acerte a posição dos vértices que ficam no meio da simetria. Confira na Figura 4.32 como está o nosso personagem agora, estamos quase lá!

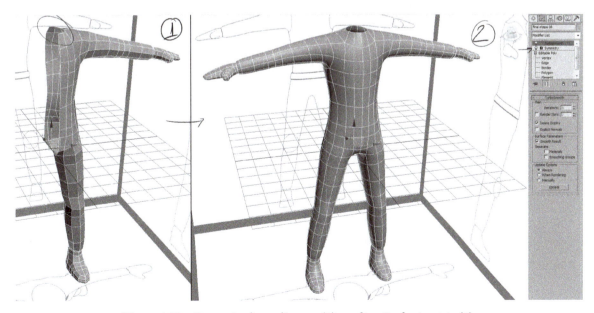

Figura 4.32 – Remoção dos polígonos (1) e aplicação da simetria (2).

Podemos agora selecionar o *loop* das arestas que formam o pescoço clicando duas vezes sobre elas e, depois, movê-las com o *Shift* para criar os novos polígonos. Faça isso na vista lateral para definir a forma da cabeça do personagem com poucos polígonos, depois adicionaremos mais detalhes conforme necessário.

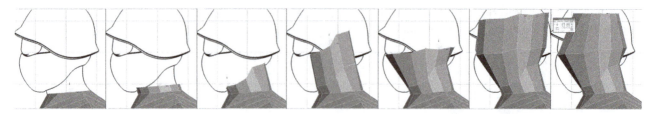

Figura 4.33 – Início da modelagem da cabeça.

Faça o ajuste agora na vista frontal, observando que, como o personagem usa máscara, óculos e capacete, o formato da cabeça será um pouco menor do que no desenho de referência, além de bem simplificado. Em seguida proceda com dois *loops* para adicionar mais detalhes à malha; faça isso usando o *Swift Loop* e segurando a tecla *Shift*.

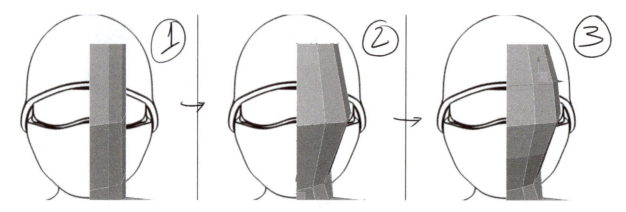

Figura 4.34 – Acertando a forma da cabeça na vista frontal.

Faremos os últimos acertos para deixar o formato próximo ao de uma cabeça. Primeiro, reposicionamos os vértices criados anteriormente, tentando obter uma forma mais orgânica. Em seguida, criamos o formato do queixo e do maxilar, além de outros pequenos ajustes demonstrados na Figura 4.35.

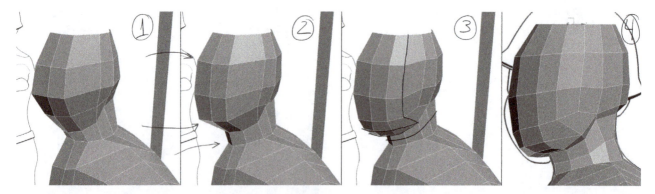

Figura 4.35 – Começando do resultado da etapa anterior (1), reposicionamos os *loops* mostrados (2) para então, com a ferramenta *Cut*, fazer cortes na malha (3) e ajustes finais (4).

Finalizamos fechando a parte de cima da cabeça, cuidando para manter todos os polígonos com quatro lados, como fizemos até agora. Utilize a ferramenta *Bridge* para ligar um lado a outro e finalize conforme a Figura 4.36.

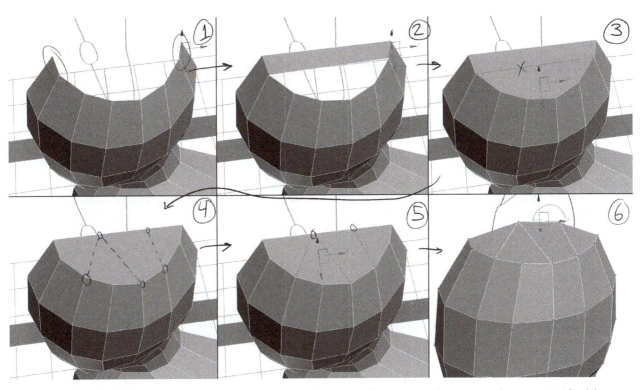

Figura 4.36 – Fechando a parte de cima da cabeça: selecione as duas arestas do canto e aplique um *Bridge* (1), selecione a borda e aplique um *Cap* (2), remova a aresta marcada (3), faça os cortes marcados com a ferramenta *Cut* (4), selecione os vértices criados (5) e mova-os para cima (6).

4.6 Marcando os detalhes da roupa

Podemos agora acrescentar os detalhes da roupa, mas lembre-se: quando queremos criar vincos marcados, precisamos posicionar as arestas próximas umas das outras. Podemos começar fazendo o cinto do nosso personagem. Para isso, basta fazer uma extrusão dos polígonos.

Fique de olho!

Já vimos que a seleção de *loops* nas arestas é simples: basta um duplo clique sobre a aresta que o *loop* é selecionado. Porém, com polígonos e vértices o processo é diferente, já que, em ambos, não há uma direção a seguir. Portanto, para selecionar os *loops* devemos selecionar um polígono ou vértice e, em seguida, segurar a tecla *Shift* e selecionar o elemento ao lado, facilitando bastante o processo de seleção.

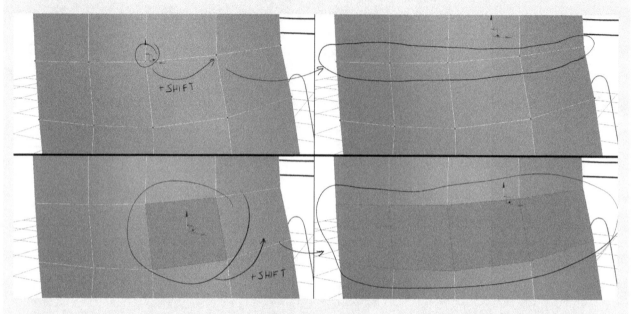

Figura 4.37 – Seleção de loops de vértices e polígonos.

Com os polígonos selecionados, aplique uma extrusão do tipo *Local Normal* (podemos escolher o tipo de extrusão clicando em *Extrude Settings*). Remova os polígonos que são criados no meio do personagem e mova os vértices mostrados para a coordenada 0 em x para, em seguida, criar os *loops* necessários, mantendo o formato do nosso objeto mesmo com o *Turbosmooth* aplicado.

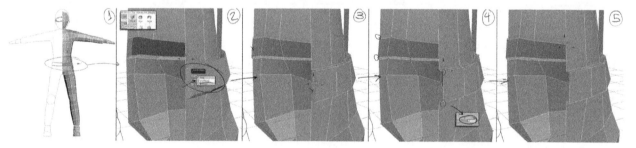

Figura 4.38 – Fazendo o cinto: selecione os polígonos (1), aplique uma extrusão do tipo *Local Normal* (2), remova os dois polígonos mostrados (3), mova os quatro vértices para a coordenada 0 em X (4) e adicione os *loops* extras.

Precisamos ainda fazer os vincos do colete. Nesse caso, é mais fácil criar *loops* novos e movê-los para criar a marcação desejada na parte de cima.

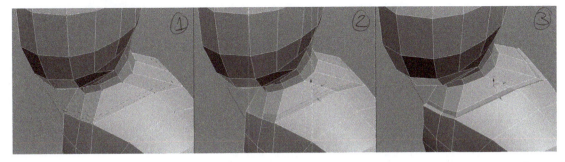

Figura 4.39 – Marcando os detalhes: visualize a área marcada (1), crie dois *loops* com a ferramenta *Swift Loop* (2) e reposicione os *loops* novos, bem como alguns vértices (3). Na manga, podemos resolver a modelagem com uma extrusão de arestas: basta juntar os vértices que formarem triângulos.

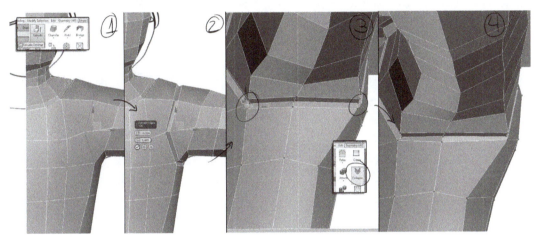

Figura 4.40 – Detalhamento: selecione o *loop* de aresta e escolha *Extrude Settings* (1), aplique uma pequena extrusão na aresta (2), selecione os vértices que formaram um triângulo (3) e aplique um *collapse* (4).

Ligue o *Turbosmooth* e faça uma verificação geral no modelo, certificando-se de que ele não apresenta falhas como vértices duplicados ou aberturas na malha. Se estiver tudo ok, parabéns! Já podemos considerar nosso personagem pronto, só faltam os acessórios!

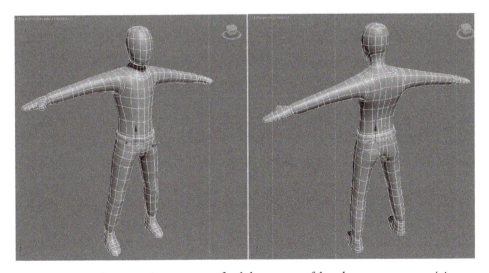

Figura 4.41 – Personagem pronto ao final dessa etapa, faltando apenas os acessórios.

4.7 Modelando o capacete, os óculos, a máscara e a joelheira

Faltam agora só os últimos detalhes, que são os acessórios que compõem o nosso personagem. Analisando esses objetos, podemos começar pelo capacete.

4.7.1 Modelando o capacete

Observando o desenho de referência do capacete, vemos que seu formato é parecido ao de uma esfera. Vamos então esconder o modelo do nosso personagem por enquanto e criar uma esfera alinhada com o desenho na vista de topo. Acerte a posição e a rotação na vista lateral e coloque 16 segmentos na esfera, conforme a Figura 4.42. Lembre-se: quanto menos segmentos colocarmos, mais fácil será acertar o modelo.

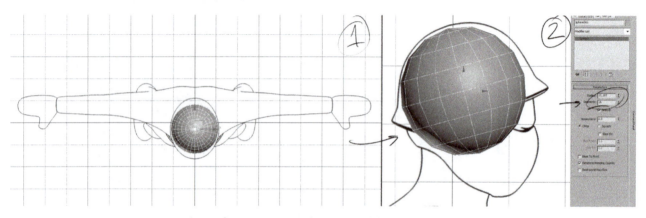

Figura 4.42 – Criando a esfera que será usada para modelar o capacete na vista de topo (1) e acertando sua posição e rotação na vista lateral (2).

Conforme visto anteriormente, devemos converter o objeto para *Editable Poly* e então proceder com a modelagem. Feita a conversão, selecione a metade dos polígonos de baixo e remova-os. Comece a mover os vértices para buscar uma forma mais próxima da nossa referência, procurando acertar a parte curva de cima primeiro para depois fazer a parte de baixo.

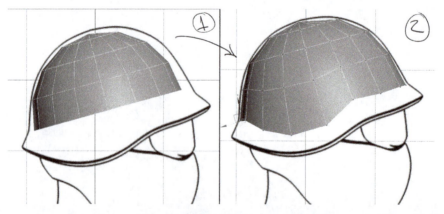

Figura 4.43 – Removendo metade dos polígonos da esfera e posterior ajuste da posição dos vértices seguindo a imagem de referência ao fundo.

Selecionando agora a borda de baixo da esfera, podemos criar os novos polígonos segurando a tecla *Shift* e movendo a borda para baixo. Para facilitar essa tarefa, escolha *Parent* como coordenada de referência, conforme mostrado na Figura 4.44. Em seguida, posicione os vértices para acompanhar a imagem de referência.

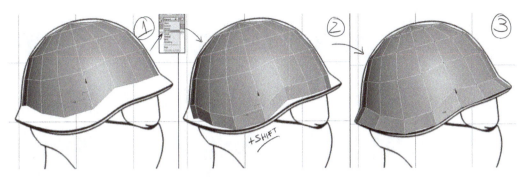

Figura 4.44 – Selecione a borda (1), mova-a para baixo com o *Shift* pressionado e, usando *Parent* como coordenada de referência (2), reposicione os vértices (3).

Agora, na vista frontal, basta aplicar uma escala no *loop* da parte de baixo. Em seguida, adicione os *loops* nos pontos que marcam o formato do capacete.

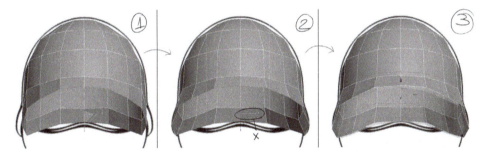

Figura 4.45 – Vista frontal do capacete: selecione o *loop* (1), aplique escala no eixo X (2) e adicione dois novos *loops* (3). Podemos fazer esse tipo de objeto como se fosse apenas uma casca, sem espessura, pois esta virá posteriormente de um modificador chamado *Shell*. Aplique o modificador conforme a Figura 4.46 e um *Turbosmooth* para finalizar o modelo.

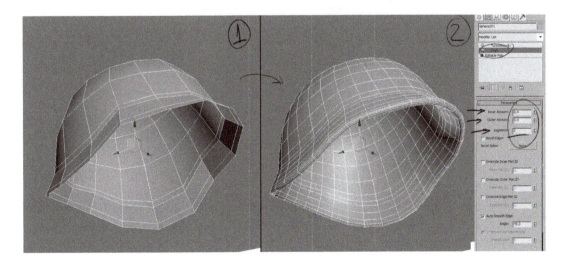

Figura 4.46 – Capacete finalizado (1) e com os modificadores *Shell* e *Turbosmooth* aplicados (2).

Modelando um Personagem 3D

> **Fique de olho!**
>
> Nesse tipo de modelagem os polígonos devem sempre ter quatro lados. Agora, observe o topo da esfera: ali, temos um conjunto de triângulos. Para se livrar deles, remova uma aresta sim e outra não, conforme a Figura 4.47. Anote essa solução, pois ela costuma ser muito usada na modelagem poligonal.

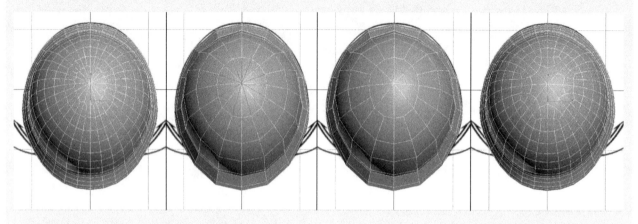

Figura 4.47 – Modelo com triângulos na topo comparado a modelo com polígonos de quatro lados apenas.

4.7.2 Modelando os óculos

Os óculos do nosso personagem podem ser feitos a partir dos polígonos do rosto. Para não atrapalhar a modelagem, oculte o capacete de acordo com o seguinte procedimento: selecione o *loop* de polígonos do local onde ficarão os óculos e aplique o comando *Detach*. Em *Detach as:* coloque "óculos" e marque a opção *Detach As Clone*. Desta forma é feita uma cópia desses polígonos em um novo objeto.

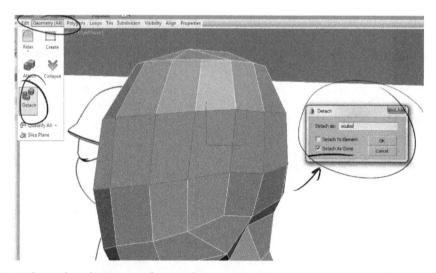

Figura 4.48 – Seleção de polígonos e aplicação do comando *Detach* para iniciar a modelagem dos óculos.

Por se tratar de um novo objeto criado a partir dos polígonos, ele não possui os modificadores que o objeto original possuía. Portanto, precisamos reaplicar os modificadores *Symmetry* e *Turbosmooth* – e, para facilitar o processo, podemos copiar e colar modificadores entre os objetos.

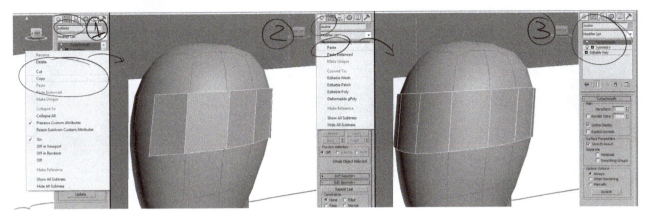

Figura 4.49 – Cópia de modificador entre dois objetos diferentes.

Podemos agora ocultar o modelo do soldado e fazer os óculos conforme a Figura 4.50. Para deixar o objeto transparente e permitir a visualização da imagem de referência que está atrás, utilize o atalho *Alt*+X. Comece reposicionando os vértices, deixando um espaço na frente para a extrusão. Adicionando três *loops* e remova os polígonos.

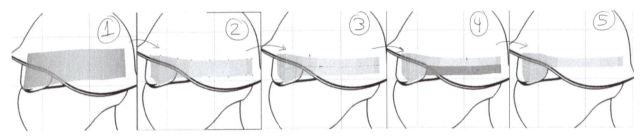

Figura 4.50 – Início da modelagem dos óculos: esconda o modelo do soldado (1), posicione os vértices (2), adicione três loops (3), selecione os polígonos (4), remova com a tecla *Del* e faça mais um ajuste de posição dos vértices (5).

Observe agora na vista de topo que é preciso fazer um ajuste na forma do modelo para manter a curvatura, especialmente nos *loops* criados na etapa anterior.

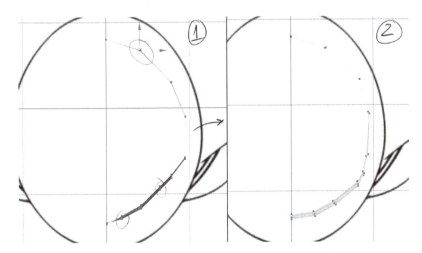

Figura 4.51 – Acertando a curvatura dos óculos na vista de topo. Vamos aplicar agora uma extrusão dos polígonos no local onde devem ficar as lentes dos óculos e, assim como fizemos anteriormente no cinto, remover os polígonos da parte de dentro por onde passa a linha da simetria e realinhar os vértices no ponto 0 do eixo X.

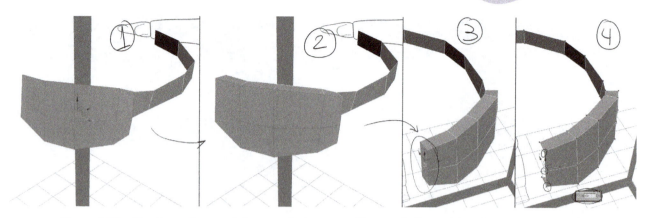

Figura 4.52 – Continuando a modelagem, selecione os polígonos da frente (1), aplique a extrusão (2), remova os polígonos selecionados (3) e mova os vértices para o ponto 0 em X.

Podemos agora ligar os modificadores *Symmetry* e *Turbosmooth* para ligar a simetria e a subdivisão dos polígonos:

Figura 4.53 – Etapa atual da modelagem dos óculos com simetria e subdivisão dos polígonos.

Como vimos anteriormente, a subdivisão tende a suavizar as formas, com perda de detalhes em muitos casos. Para manter os detalhes nos cantos é necessário acrescentar novas arestas, que de certa forma seguram a suavização causada pela subdivisão. Veremos na Figura 4.53 que em alguns lugares podemos fazer isso aplicando novos *loops* com a ferramenta *Swift Loop*.

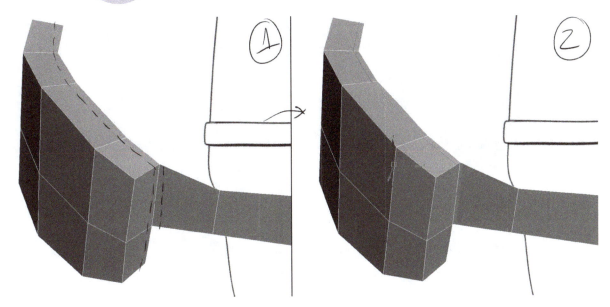

Figura 4.54 – Acrescentando novos *loops* para segurar a subdivisão.

Por outro lado, veremos que, na parte da frente, podemos usar a ferramenta *Inset*. Porém, é necessário dar continuidade a esse *loop* para o outro lado que será feito com a simetria. Então, fazemos dois cortes com a ferramenta *Cut* e unimos os vértices com a ferramenta *Target Weld*, conforme a Figura 4.55.

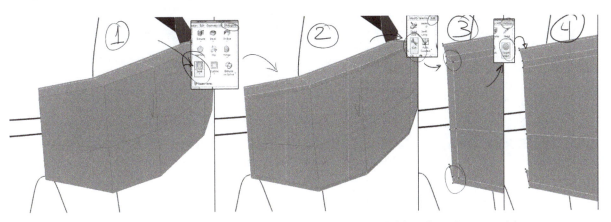

Figura 4.55 – Finalização selecionando os polígonos (1), aplicando o *Inset* (2), fazendo o corte (3) e unindo os vértices (4).

Para finalizar, traga de volta o modelo do soldado, faça os ajustes necessários para ficar de acordo com a curvatura da cabeça e aplique um modificador *Shell* para dar espessura, observando que esse modificador deve ficar entre o *Symmetry* e o *Turbosmooth*.

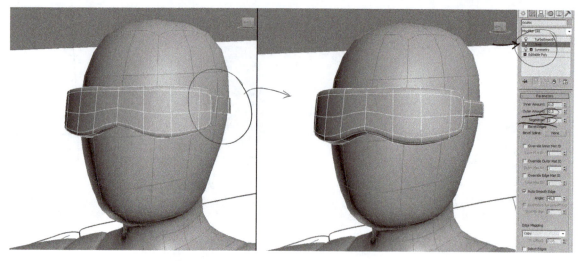

Figura 4.56 – Últimos ajustes e aplicação do modificador *Shell*.

4.7.3 Modelando a máscara

A última – e mais simples – etapa da nossa modelagem é a máscara que nosso personagem usa. Podemos fazê-la da mesma forma que fizemos os óculos: selecionando os polígonos, aplicando um *Detach* como cópia e aplicando uma extrusão.

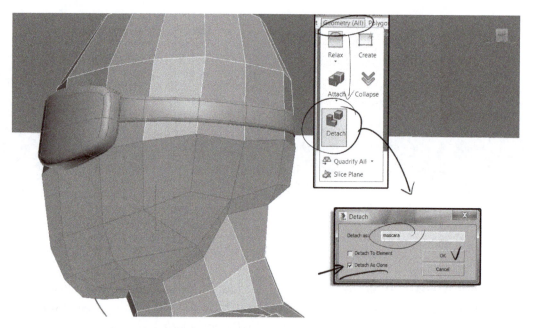

Figura 4.57 – Seleção dos polígonos para fazer a máscara e aplicação do *Detach* como clone.

Por essa modelagem ser mais simples, podemos usar um procedimento diferente daquele que usamos para modelar os óculos. Esse novo procedimento facilita a modelagem e permite que entendamos um pouco melhor o funcionamento dos modificadores no 3ds Max. Comece copiando e colando os modificadores do objeto original.

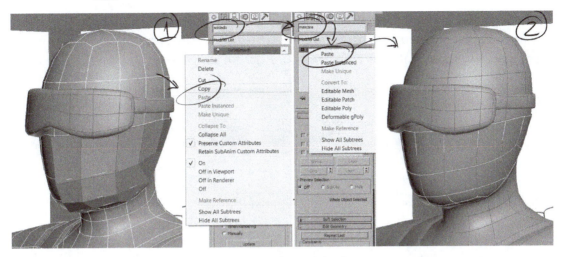

Figura 4.58 – Copiando e colando modificadores entre os objetos.

Agora, vejamos como fazer essa modelagem apenas usando modificadores, um procedimento que chamamos de modelagem *procedural*. Comece selecionando o modificador *Symmetry* e aplique um modificador chamado *Face Extrude* – que, desta forma, ficará entre o *Symmetry* e o *Turbosmooth*. Esse modificador aplica uma extrusão em todas as faces ou nas faces selecionadas, portanto, ao alterar o valor do *Amount*, verifique se a extrusão foi aplicada em todas as faces. Se não for o caso, volte ao *Editable Poly* e selecione todas as faces. Veremos que uma das características da modelagem *procedural* é permitir sempre que se suba e desça na pilha de modificadores, sem necessidade de remover nenhum deles, pois tudo o que é feito na parte de baixo da pilha é propagado para toda a parte de cima. Aplique o valor de 1,5 no *Amount* e verifique na Figura 4.59 como deve ficar nosso objeto nessa etapa.

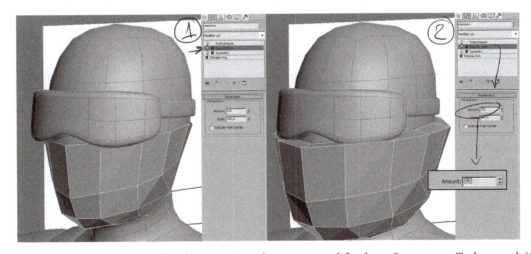

Figura 4.59 – Aplicando o modificador *Face Extrude* entre os modificadores *Symmetry* e *Turbosmooth* (1) e ajuste do tamanho no parâmetro *Amount*; usamos aqui o valor de 1,5 (2).

Podemos observar que a máscara está maior do que o rosto, portanto, precisamos levar a máscara para dentro. Para isso colocaremos o modificador *Push* abaixo do *Face Extrude*. Esse modificador desloca cada face paralelamente ao seu ponto original, aumentando ou diminuindo o objeto. Note que ele difere de uma simples aplicação de escala, pois cada face segue a própria direção, enquanto que na escala todas as faces seguem a mesma direção a partir de um ponto central.

Nesse caso, usaremos um valor negativo no *Push* para levar as faces para dentro do rosto do soldado. Novamente, vemos que não é preciso remover nenhum modificador, só é necessário verificar a ordem em que eles estão, conforme a Figura 4.60. Aqui foi aplicado o valor de -0,5 no *Push Value*.

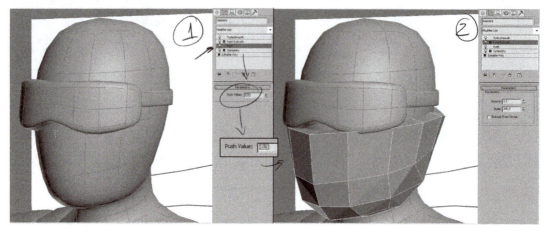

Figura 4.60 – Aplicando o modificador *Push* entre os modificadores *Symmetry* e *Face Extrude* e ajuste do tamanho no parâmetro *Push Value*; usamos aqui o valor de -0,5.

Assim como aconteceu nas etapas anteriores, o modelo se torna todo suavizado após a aplicação do *Turbosmooth*, perdendo alguns detalhes. Novamente, precisamos adicionar segmentos para segurar essa subdivisão. A versão 2015 do 3ds Max recebeu uma novidade que nos ajuda muito nessa tarefa: o modificador *Chamfer*. Apesar de sua função principal ser a de aplicar chanfros nas arestas, podemos ajustar suas propriedades para apenas acrescentar novas arestas nos cantos mais marcados. Para isso é necessário aplicar antes um modificador chamado *Smooth*, que separa as faces em grupos de suavização com base no ângulo entre elas. Nesse caso, ligamos a opção *Auto Smooth* e colocamos o valor de 60 no *Threshold*, e isso fará com que as faces sejam separadas em grupos quando o ângulo entre elas for maior que 60°. Em seguida, aplique o modificador *Chamfer* com o *Amount* em 0,5, o *Tension* em 0,5 e, em *Input Option*, escolha *Unsmoothed Edges* dentro de *From Smoothin*, conforme mostrado na Figura 4.61. Isso fará com que o chanfro seja aplicado somente nas arestas que demarcam a separação entre as faces definidas no modificador *Smooth*.

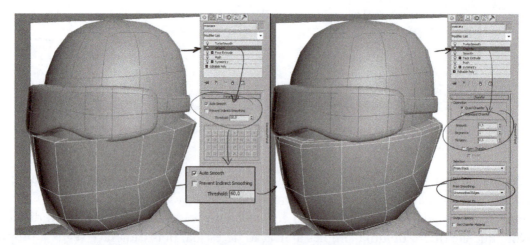

Figura 4.61 – Aplicando o modificador *Smooth*, com o *Auto Smooth* ligado e 60° no *Threshold* (1); aplicando o modificador *Chamfer* com valores de 0,5 no *Amount* e *Tension* e escolhendo a opção *Unsmoothed Edges* em *Input Options* (2).

Fique de olho!

Mantenha-se atualizado! Trata-se de uma exigência fundamental para quem trabalha com modelagem e animação 3D. Os programas de modelagem são atualizados anualmente, com versões gratuitas para estudantes, por isso, procure sempre obter a versão mais nova e estudar as novidades. O modificador *Chamfer* é uma das várias que estão na versão 2015 do 3ds Max, por isso, caso você só tenha acesso a uma versão anterior do programa, deve substituir os modificadores *Smooth* e *Chamfer* pelo *Edit Poly* e acrescentar manualmente as arestas extras, selecionando os *loops* mostrados na Figura 4.62 e aplicando uma extrusão nas arestas, como mostrado na Figura 4.62.

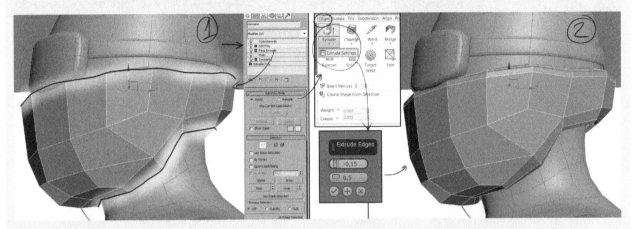

Figura 4.62 – O mesmo processo, feito em uma versão anterior à de 2015 do 3ds Max: aplicação do modificador *Edit Poly* e seleção dos *loops* (1) e aplicação de um *Extrude* nas arestas (2).

Para finalizar, podemos voltar ao começo da nossa pilha de modificadores e fazer qualquer ajuste, e ele será atualizado automaticamente. Isso é necessário para acertar a curvatura da máscara com a curvatura dos óculos, movendo-se alguns vértices conforme a Figura 4.63. Não se esqueça de sair da seleção de vértices, pois alguns modificadores funcionam de forma diferente de acordo com o que estiver selecionado.

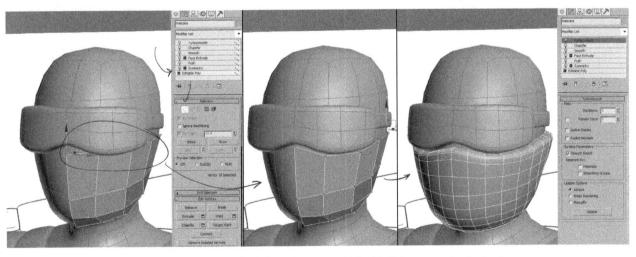

Figura 4.63 – Ajuste final dos vértices no *Editable Poly* e o resultado final.

Modelando um Personagem 3D

Fique de olho!

Para verificar se não há uma seleção de subobjetos sendo propagada pela pilha de modificadores (uma providência que deve ser tomada sempre), observe os ícones dos subobjetos ao lado dos modificadores. Trata-se de um recurso poderoso, pois permite aplicar um modificador em apenas partes do nosso objeto, mas que traz um resultado indesejado quando não o queremos. Para que isso não ocorra, basta clicar sobre o ícone do subobjeto selecionado.

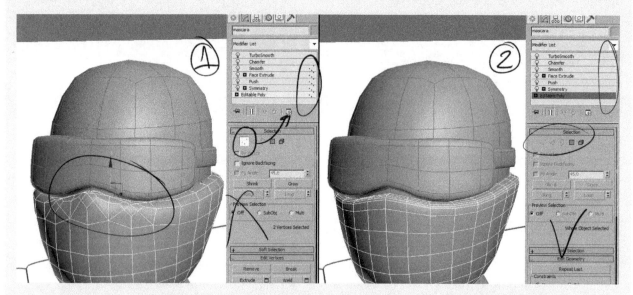

Figura 4.64 – Problema que pode ocorrer se mantivermos a seleção de vértices no *Editable Poly* (1). Para resolver basta clicar no ícone no vértice que a seleção não se propaga pelos modificadores (2).

4.7.4 Modelando a joelheira

O último detalhe que falta é a joelheira, e o processo de sua modelagem será semelhante ao da máscara: faça um clone dos polígonos do joelho, modifique os vértices e crie novos polígonos movendo as faces laterais com a tecla *Shift* pressionada.

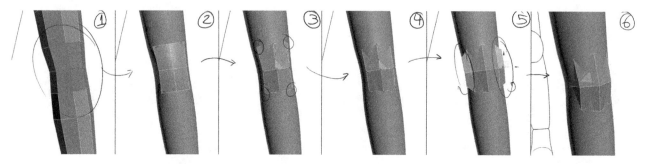

Figura 4.65 – Início da modelagem da joelheira: selecione os polígonos (1), aplique um *Detach* como clone (2), selecione os vértices (3), reposicione com a escala (4), crie novos polígonos movendo as arestas com a tecla *Shift* pressionada (5) e reposicione os vértices (6).

Finalize com um *Inset* nos polígonos e um reposicionamento dos vértices da borda, levando-os para dentro da malha para então selecionar todos os polígonos e aplicar os modificadores *Face Extrude*, *Symmetry* e *Turbosmooth*.

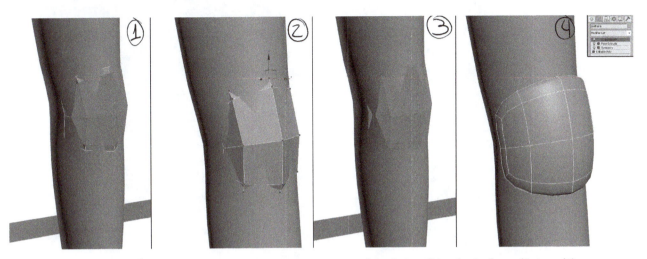

Figura 4.66 – Últimas etapas: *Inset* (1), reposicionamento dos vértices (2), seleção dos polígonos (3) e aplicação dos modificadores *Face Extrude*, *Symmetry* e *Turbosmooth* (4).

Pronto! Parabéns, chegamos ao final da nossa modelagem! Traga o capacete de volta, faça uma última verificação no modelo para verificar se não ficou nenhum erro para trás e podemos seguir adiante.

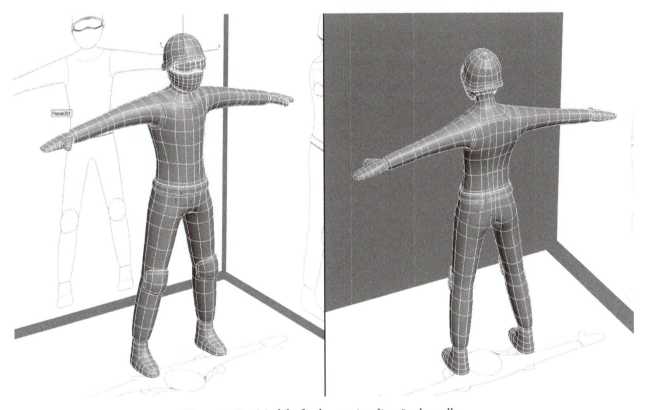

Figura 4.67 – Modelo final com visualização da malha.

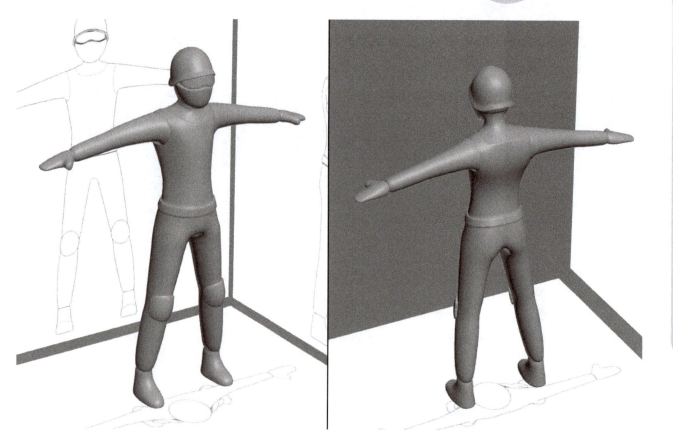

Figura 4.68 – Modelo final sem visualização da malha.

Vamos recapitular?

Vimos neste capítulo o passo a passo para a modelagem de um personagem. Do começo como um cubo, começamos a deformá-lo e modificá-lo até, aos poucos, dar-lhe forma. Entenda, porém, que essa não é a única forma de modelar um personagem. O procedimento apresentado aqui buscou primordialmente ensinar como são usadas as ferramentas de modelagem. Mais do que seguir um passo a passo, espera-se que o aluno entenda por que cada etapa foi executada e, principalmente, para que serve cada ferramenta. A modelagem 3D requer cuidado e atenção, portanto, concentre-se no que você está fazendo, pois um único erro pode se propagar por todo o modelo. Ao final, se tudo correu bem, orgulhe-se do seu primeiro personagem modelado!

Agora é com você!

1) O modelo desenvolvido no capítulo foi inspirado em alguns modelos feitos para jogos. Faça uma busca e apresente ao professor alguns modelos semelhantes que possam inspirar outras modelagens.

2) Mais uma vez experimente repetir os passos aqui demonstrados até ter bem claro o funcionamento da modelagem de personagens. Sua primeira tarefa é modelar esse personagem seguindo o passo a passo, depois apresente o resultado ao professor e tire todas as dúvidas que tiver.

3) Por ser o primeiro modelo, optamos por fazê-lo do modo mais simplificado possível, mas que tal colocar mais alguns detalhes? Experimente acrescentar detalhes nos óculos e transformar a máscara em uma máscara de gás. Use a sua imaginação e também a Figura 4.69 como referência. No final, apresente ao seu professor o resultado.

Figura 4.69 – Sugestão de modelagem da máscara.

4) Vimos que o modelo do personagem foi simplificado para facilitar a sua primeira modelagem. Uma das soluções usadas para a simplificação foi a "mão sem dedos" (isto é, as luvas). No entanto, agora podemos encarar o desafio de fazer uma mão completa. Use a Figura 4.70 como referência e tire as dúvidas com o seu professor.

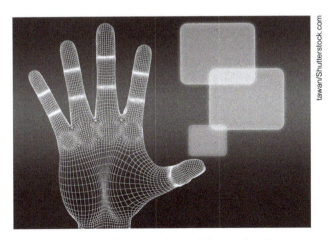

Figura 4.70 – Sugestão de modelagem de mão.

Modelando um Personagem 3D

5) Outras simplificações foram a máscara e os óculos, pois assim não foi preciso modelar um rosto. Mas agora fica o desafio: modelar um rosto de personagem! Use a Figura 4.71 como referência e mãos à obra!

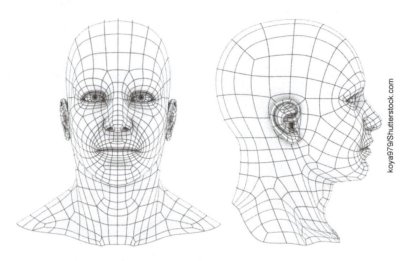

Figura 4.71 – Sugestão de modelagem de rosto.

5

Texturizando o Personagem

Para começar

A próxima etapa que estudaremos é a de texturização do personagem, e é aqui que se definem as suas características visuais. Essa etapa é dividida em duas: ajuste de materiais e aplicação de textura. A primeira define o comportamento da superfície conforme a luz incide sobre ela. É aí que definimos se o material será fosco ou brilhante, um metal ou vidro, uma pele ou um tecido. Para tanto, devemos primeiro analisar e entender o comportamento dos materiais no mundo real. Recomendamos ao leitor acompanhar este capítulo analisando as imagens coloridas e em alta resolução no website. Entendido o comportamento do material, tentaremos reproduzi-lo utilizando a computação gráfica. Em muitos casos, essas características dependem de texturas, tanto para definir a cor do material como para criar variações das suas propriedades físicas. Para isso, temos mais uma etapa, que chamamos de mapeamento. Ela define a posição de uma textura bidimensional em uma modelo tridimensional.

5.1 As características básicas de um material

Podemos entender que as características de um material determinam como a luz vai se comportar ao incidir sobre ele. Para criar bons materiais em computação gráfica devemos entender que, no mundo real, quando a luz incide na superfície de um objeto, parte dela é refletida, parte é absorvida e parte é transmitida. A forma como isso ocorre caracteriza um determinado material e o diferencia dos outros.

5.1.1 Reflexão

A reflexão da luz pode variar em quantidade, ou seja, em quanto da luz que incide é refletida de volta ao ambiente. O modo como essa reflexão ocorre também varia, situando-se no escopo de duas formas extremas, chamadas de especular e difusa. O reflexo especular é aquele que decorre de superfícies extremamente lisas, livres de imperfeição. Elas geram um reflexo perfeito. Como exemplo temos os espelhos ou algum metal perfeitamente polido. Trata-se de materiais que, além de possuírem um reflexo em geral puramente especular, também possuem um alto índice de reflexão, ou seja, praticamente toda a luz que incide em sua superfície é refletida de volta para o ambiente.

Figura 5.1 – Exemplo de um material puramente reflexivo e livre de imperfeições: um espelho.

O extremo dessa característica é o espelho. Experimente indagar: qual é a cor do espelho? A resposta é que um espelho por si só não possui uma cor definida, sua cor será sempre a do ambiente que está à sua volta e seja visível aos olhos do observador.

Podemos então mensurar duas características: o quanto um objeto é reflexivo e sua polidez. No caso do espelho, muito embora no mundo real não exista nada com 100% dessas características, podemos arredondar em 100% para essas duas propriedades.

Vamos então pensar em outro material, também com praticamente 100% de reflexão, porém com menos polidez em sua superfície. Isso significa que pequenas imperfeições na superfície, que desviam o raio de luz e distorcem a imagem que é refletida. Um metal que não foi totalmente polido é um exemplo desse tipo de material. Neste caso, poderíamos sugerir algo como próximo de 100% de reflexão, mas em torno de 80% de polidez, como no exemplo da Figura 5.2.

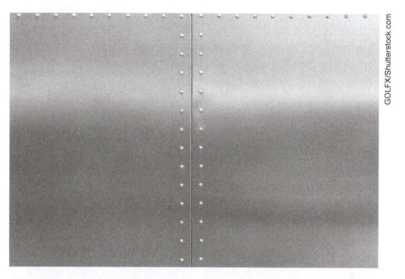

Figura 5.2 – Exemplo de um material puramente reflexivo, mas não totalmente polido: superfície de metal.

Se analisarmos mais de perto uma superfície como essa, veremos o metal puramente reflexivo e as imperfeições que distorcem o reflexo.

Figura 5.3 – Detalhe em close de uma superfície de metal não perfeitamente polida. Podemos ver as imperfeições que distorcem o reflexo.

Em geral, as imperfeições não possuem padrão nem direção definida, por isso, distorcem o reflexo para todos os lados. A esse tipo de reflexão damos o nome de isotrópico. No entanto, existem casos em que as imperfeições seguem determinada direção, fazendo com que o reflexo se estique no sentido oposto, criando uma reflexão denominada anisotrópica. É o que podemos observar na Figura 5.2: temos ranhuras formando linhas que seguem a direção horizontal, enquanto o reflexo se estica na direção vertical da foto. Temos também casos bem específicos em que as ranhuras são circulares, o que faz o reflexo se esticar de forma radial, como na Figura 5.4.

Figura 5.4 – Exemplo de reflexo anisotrópico, com ranhuras circulares distorcendo o reflexo de forma radial. Essa distorção se dá sempre perpendicular à direção da imperfeição.

5.1.2 Difusão

Ao contrário dos espelhos e metais, grande parte dos materiais que vemos ao nosso redor consegue absorver boa parte da luz que incide sobre suas superfícies. Essas superfícies possuem tantas imperfeições que os raios de luz refletidos se espalham para todos os lados. Esse tipo de reflexo é chamado de difuso, sendo que a cor do material depende da cor que é absorvida. Isto é, como a luz branca é a composição das cores vermelho, verde e azul, se uma parede é branca, por exemplo, isso significa que as três cores foram absorvidas e refletidas igualmente. Já em uma parede laranja, como no canto da Figura 5.5, a cor azul foi praticamente toda absorvida, bem como boa parte da cor verde. O resultado é a cor laranja visível (nesse caso, 85% de vermelho, 35% de verde e 10% de azul), que também é refletida de volta ao chão. Observe que não se trata de um reflexo visível, como a imagem de um espelho ou de um metal, e sim de uma reflexão difusa. Por outro lado, vemos na mesma imagem a parede branca, que reflete a luz praticamente intocada de volta ao ambiente.

Figura 5.5 – Exemplo de reflexão difusa branca e colorida (veja no site a imagem colorida). A cor laranja da parede decorre da absorção da maior parte da cor azul, enquanto que, na branca, há uma absorção praticamente igual entre o vermelho, o verde e o azul.

5.1.3 Refração

Voltando ao princípio básico das propriedades de um material, analisemos o que acontece com o raio de luz que incide em sua superfície. Há casos em que, além de parte destes raios serem refletidos e absorvidos, alguns atravessam o objeto e saem por outra superfície. Durante esse processo temos um desvio da luz quando ela entra no objeto e outro desvio quando ela sai, e isso é o que chamamos de refração da luz. Alguns fatores influenciam no modo como essa luz é desviada, como a espessura do objeto e o tipo de material do qual ele é feito. Cada material possui uma característica física, chamada de índice de refração, sendo a sigla IOR usada nos softwares (do inglês *Index of Refraction*): quanto mais alto o seu valor, mais a luz é desviada ao atravessar o objeto. O IOR de referência é o ar no vácuo, com valor de 1, o que significa que a luz pode atravessar esse material sem que se altere sua trajetória. A água pura possui IOR em torno de 1,33; o vidro, geralmente 1,5. Porém, ao observar o vidro, como na Figura 5.6, verificamos que ele também apresenta reflexo, ou seja, parte do raio de luz é refletido e parte do raio de luz é refratado.

Figura 5.6 – Exemplo de material composto basicamente da refração da luz e um pouco de reflexão especular – nesse caso, um vidro.

A quantidade de luz refletida tem que ser proporcional à quantidade de luz refratada, ou seja, se o material tiver mais reflexo, terá menos refração. Essa quantidade de reflexo também depende do IOR: materiais com valores mais altos são mais reflexivos. Lembra que o IOR da água é 1,33? O do diamante, por outro lado, é 2,42, resultando em grande desvio do raio de luz que o atravessa, bem como em uma grande quantidade de reflexo, como podemos ver na Figura 5.7. Por esse motivo, os diamantes possuem seu tão cobiçado brilho.

Figura 5.7 – Exemplo de outro material composto basicamente da refração da luz, mas com mais reflexão, devido ao valor mais alto do índice de refração – nesse caso, um diamante.

Observando novamente a Figura 5.6 podemos notar que, nas bordas do copo, há mais reflexo do que na parte frontal. Essa é uma característica comum a todo tipo de reflexo que observamos nos materiais: quanto maior o ângulo de incidência do raio de luz, mais reflexo teremos. Esse tipo de reflexo é chamado de *Fresnell*.

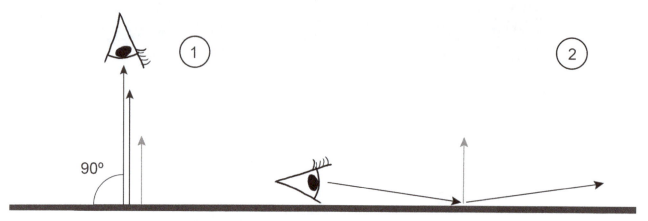

Figura 5.8 – Ângulos de incidência relativos à superfície: 90°, quando temos a menor quantidade de raios refletidos (1) e praticamente paralelo à superfície, quando temos a maior quantidade de reflexo (2).

Um bom exemplo para demonstrar esse fenômeno é a superfície da água. Observe a superfície de uma piscina a um ângulo de 90°, como no exemplo 1 da Figura 5.8. Você verá um pouco do seu reflexo na água. Já se mirar o mais paralelamente possível à superfície da água, como no exemplo 2, verá que ela se torna quase um espelho, como podemos observar na Figura 5.9.

Figura 5.9 – Exemplo de reflexo *Fresnell*: o reflexo do lago vai ficando cada vez mais forte conforme se aproxima do horizonte, pois os raios de luz que partiram da câmera estão mais paralelos em relação à superfície da água.

Assim como imperfeições na superfície de metais desfocam o seu reflexo, o mesmo ocorre com os materiais transparentes. Na Figura 5.10, podemos observar esse fenômeno em um vidro jateado: desfocam-se os objetos que aparecem por trás do vidro.

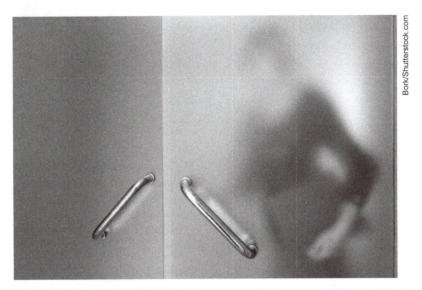

Figura 5.10 – Exemplo de refração desfocada por imperfeição na superfície do vidro jateado. O desfoque aumenta conforme o objeto por trás se afasta.

5.1.4 Translucência

Ainda em nossa análise dos materiais que deixam passar os raios de luz, temos um caso específico que pode ser considerado um tipo de refração, mas a que chamamos de translucência. Assim como ocorre nos materiais difusos, a superfície dos objetos que apresentam translucência espalha raios por todos os lados, não permitindo que se veja coisa alguma por trás deles. Porém, a luz ainda os atravessa de forma difusa, e pode-se visualizar uma sombra sendo projetada. O melhor exemplo nesse caso é o papel: não podemos ver através de uma folha de papel, mas observamos sua translucência quando o colocamos contra a luz: se passarmos a mão por trás da folha, veremos uma sombra projetada. As folhas das árvores também possuem essa característica, como podemos observar na Figura 5.11.

Figura 5.11 – Exemplo de translucência: não é possível ver através das folhas, mas é possível ver a luz passando e projetando sombras.

Diversos materiais são translúcidos, como o plástico, a borracha, a cera de uma vela, os tecidos e todos que deixam a luz passar sem que possamos ver através deles. Outro importante material translúcido é a nossa pele, bem como as peles de diversos animais, frutas e outros materiais orgânicos. Esse tipo de material, por ser composto de inúmeras substâncias diferentes, como células, sangue, tecido, gordura etc., faz com que o raio de luz que ali atravessa varie muito de direção, resultando em algo relativamente complexo de se reproduzir em computação gráfica.

Figura 5.12 – Exemplo de material orgânico translúcido: podemos observar nesses tomates iluminados por trás como as partes mais finas deixam passar mais luz, enquanto as mais grossas deixam passar menos. Podemos ver também a complexidade da iluminação em materiais orgânicos.

Observe também que o raio de luz, conforme atravessa um objeto, perde intensidade. Isso resulta em objetos mais finos tornando-se mais transparentes e objetos mais grossos, menos. Isso vale tanto para a refração, com a luz perdendo intensidade, como para a translucência, com a luz sendo absorvida pelo material, dando a impressão de iluminá-lo.

Vale ainda observar que existe uma diferença entre objetos transparentes e objetos translúcidos, e é comum confundirmos os dois. Os objetos transparentes são aqueles que permitem visualização através de si, independentemente do que é possível identificar nessa visualização. Já os objetos translúcidos são aqueles que deixam a luz passar, mas não há visualização através deles. Cuide para não chamar objetos transparentes de translúcidos, pois é um erro comum.

Figura 5.13 – As lentes do farol de um carro são um exemplo de material transparente comumente chamado de translúcido.

Figura 5.14 – O papel usado em luminárias é um exemplo de material translúcido: a luz o atravessa de forma difusa, porém não podemos ver através dele.

5.1.5 Materiais compostos por camadas

Ao observamos mais detalhadamente alguns materiais, podemos verificar que são feitos de duas ou mais camadas, e cada uma delas tem um comportamento diferente. Materiais envernizados, como alguns tipos de piso de madeira, por exemplo, possuem por baixo um material com comportamento completamente diferente do verniz brilhante por cima. Na Figura 5.15, temos as cerâmicas esmaltadas, que também são compostas de uma superfície difusa coberta por uma outra polida, que é a responsável pelo reflexo. Esta, por ser transparente, também origina uma refração, permitindo que visualizemos as duas superfícies como se fossem uma só.

Figura 5.15 – Exemplo de material composto por camadas: observe o material difuso e texturizado por baixo de uma superfície com reflexão e refração comportando-se como uma única superfície.

Um material mais complexo e composto de três ou mais camadas é a pintura automotiva. A primeira é feita de metal, com reflexo um pouco difuso, e fornece a cor de base; a segunda camada é coberta por pequenos pigmentos bem reflexivos e, muitas vezes, coloridos; a uma última camada de verniz vem por cima e é semelhante ao exemplo anterior.

Figura 5.16 – Detalhe de uma pintura automotiva. Podemos observar três camadas de material: a base metálica difusa, a camada de pequenos pontos bem reflexivos e o verniz polido por cima.

5.1.6 Resumindo o comportamento de um raio de luz nos materiais

Para finalizar, o raio de luz que incide na superfície pode ser refletido, e essa reflexão pode ser especular ou difusa. Parte do raio de luz pode ser transmitido pelo material e sair como refração pura ou, se for difusa, como translúcida, quando os raios de luz se espalham para todos os lados e não conseguimos ver através do objeto. Tudo isso pode ser demonstrado na Figura 5.17.

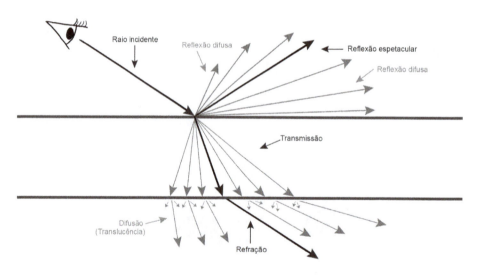

Figura 5.17 – Comportamento do raio de luz na superfície, podendo gerar reflexo especular ou difuso, bem como refração pura ou difusa.

5.2 Reproduzindo materiais em computação gráfica

Como acabamos de ver, a aparência dos materiais que observamos no mundo real é resultado da interação entre o objeto e os raios de luz que sobre ele incidem, tanto aqueles provenientes de fontes de luz como aqueles decorrentes do ponto de vista do usuário. Reproduzir todos os fenômenos que ocorrem no mundo real em computação gráfica é algo extremamente complexo e, por isso, muitas simplificações costumam ser feitas. Nos dias atuais, com o avanço da capacidade de processamento dos computadores, já é possível obter imagens fotorrealistas em computação gráfica, porém isso ainda requer um bom tempo de processamento.

Figura 5.18 – Exemplo de imagem realista criada em computação gráfica.

A Figura 5.18 foi concebida por meio de um método chamado *Raytracing*. Este procedimento calcula toda a trajetória dos raios de luz e sua interação com o ambiente para simular o comportamento que ocorreria no mundo real. Apesar de o resultado ser extremamente realista, ainda demora um bom tempo para ser calculado, por isso, a técnica não é utilizada em jogos. Nos games, os cálculos são feitos por um sistema chamado de Rasterização, que utiliza diversas aproximações e efeitos que tentam imitar a luz no mundo real. Os resultados têm sido cada vez mais fiéis, porém demandam um alto poder de processamento da placa gráfica.

Figura 5.19 – Imagem do jogo *Need For Speed*, da Electronic Arts, mostra a simulação de efeitos como reflexo, desfoque de lente e de movimento, iluminação e névoa, tudo calculado em tempo real.

Texturizando o Personagem

Os materiais e efeitos disponíveis variam muito de acordo com o motor de cada jogo e, portanto, deve ser estudado para cada projeto. Porém, alguns elementos e nomenclaturas seguem padrões utilizados em diversas áreas da computação gráfica, e podemos aprender um pouco sobre isso com o material padrão do 3ds Max, chamado de *Standard*. Para acessá-lo precisamos abrir o editor de materiais apertando a tecla M ou clicando no ícone mostrado na Figura 5.20. Utilizaremos por ora o editor de materiais compactos.

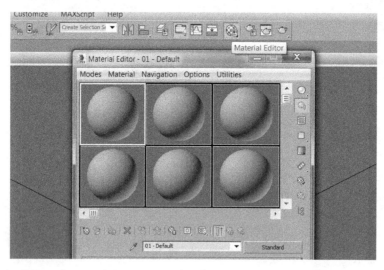

Figura 5.20 – Editor de materiais compacto do 3ds Max com o material *Standard* selecionado.

Fique de olho!

Desde a versão 2011, o 3ds Max possui dois editores de materiais: o antigo editor de materiais, agora chamado de editor de materiais compacto (*Compact Material Editor*), e um novo editor de materiais do tipo nodal, chamado de *Slate Material Editor*. Este último é mais avançado e permite a visualização de todas as conexões entre mapas e materiais. Porém, recomendamos começar utilizando o modo compacto. Para escolher entre eles, clique e segure o botão do editor de materiais e então aparecerão os dois modos para serem escolhidos. Caso esteja com o editor de materiais aberto, clique no primeiro menu chamado *Modes* e aparecerá a opção para escolher entre o modo compacto e o modo *Slate*.

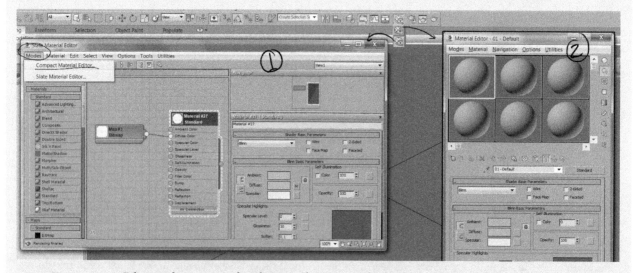

Figura 5.21 – Editores de materiais do 3ds Max: *Slate Material Editor* (1) e *Compact Material Editor* (2).

Por padrão, há seis materiais disponíveis para editar e aplicar nos seus objetos – e, também por padrão, usa-se material do tipo *Standard*. Esse é um tipo de material bem simples, que possui muitos dos efeitos usados nos jogos para simular alguns comportamentos que vimos anteriormente ao analisarmos os materiais no mundo real. Observe que existem opções com cores, como o *Diffuse* e o *Specular*, e opções com intensidades, como *Specular Level* e *Glossiness*. Em sua configuração básica, ele funciona como um material opaco com reflexão puramente difusa, como uma parede fosca. Alterando-se a cor difusa, altera-se a cor do objeto em si, e esta é a propriedade que mais utilizamos em geral ao criar materiais. Você pode clicar duas vezes na primeira esfera do editor de materiais e aumentar o tamanho da janela. Assim, podemos alterar a cor difusa e verificar sua influência no material.

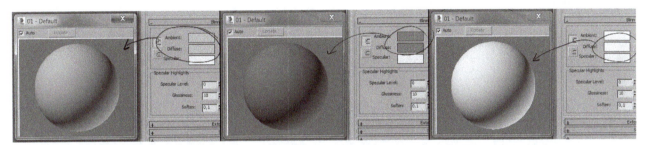

Figura 5.22 – Variações da cor difusa e o resultado no material.

A opção que existe abaixo do *Diffuse* é chamada de *Specular*. Não se trata de uma reflexão especular pura como vemos em um cromado, pois, por se tratar de um material simples, ele não gera por padrão nem reflexão nem refração realista, apenas simula alguns tipos de reflexo. No caso do reflexo especular, ele possui apenas o chamado *Specular Highlights*, que seria o reflexo da luz. Ao observarmos os materiais no mundo real, veremos que muitos deles possuem pequenas quantidades de reflexo. Porém, mesmo em objetos com pouco reflexo, a luz refletida consegue se destacar. E o reflexo da luz, por ser simples de se calcular em computação gráfica, muitas vezes é determinado em separado do reflexo real e chamado comumente de reflexo especular. Em imagens realistas esse efeito não existe, pois é calculado junto do reflexo geral do objeto. Já em aplicativos de tempo real, como jogos, ele é muito utilizado.

Figura 5.23 – Podemos observar como o reflexo das luzes se destaca nos objetos de plástico. Embora seja parte do reflexo, em muitos casos ele é calculado em separado por ser mais simples.

Esse tipo de reflexo possui três controles básicos, encontrados em quase todos os softwares: a cor do reflexo, a intensidade do material e a polidez do material – chamados respectivamente no material *Standard* de *Specular Color*, *Specular Level* e *Glossiness*. Materiais mais reflexivos possuem valores mais altos na intensidade do reflexo, o que o deixa mais intenso. Já a polidez é a responsável pelo desfoque do reflexo: se o material for 100% polido, veremos um reflexo bem pequeno e intenso da luz; conforme baixamos esse valor, o reflexo vai se desfocando, ao mesmo tempo em que fica maior. Por último, temos a cor do reflexo. Utilizamos esse recurso para tentar imitar o comportamento dos objetos metálicos coloridos que possuem a característica de também colorir o reflexo. Veja na Figura 5.24 alguns exemplos de variação desses parâmetros. Experimente mexer com eles para entender como funciona cada um deles.

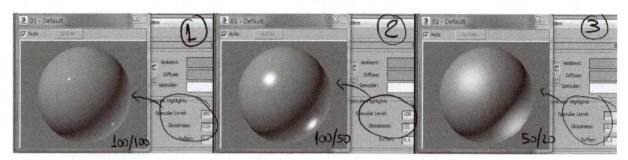

Figura 5.24 – Variações dos parâmetros *Specular Level/Glossiness* e os resultados obtidos: 100/100 simula um plástico brilhante, com um reflexo pequeno e intenso (1), 100/80 ainda mantém um reflexo intenso, mas maior, por estar desfocado (2), 50/20 tira a intensidade do reflexo e o desfoca bastante, aproximando-se de um reflexo mais difuso (3).

Ao lado da configuração das cores difusa e especular temos dois parâmetros: o primeiro é chamado *Self-Illumination* e simula materiais que emitem luz, mas que, na prática, nada mais fazem do que preencher todo o objeto com cor difusa, ignorando luzes e sombras. Já o segundo parâmetro chama-se *Opacity*, e ele regula a transparência do objeto. Novamente, por se tratar de um material simples, não se calcula refração nem translucência, e sim uma simples opacidade, como se fosse um material bem fino. Assim, o que estiver por trás do objeto aparece sem a distorção que ocorre quando se calcula a refração. Veja na Figura 5.25 dois exemplos de utilização desses parâmetros: no caso do material transparente, foi ativada a opção *2-sided*.

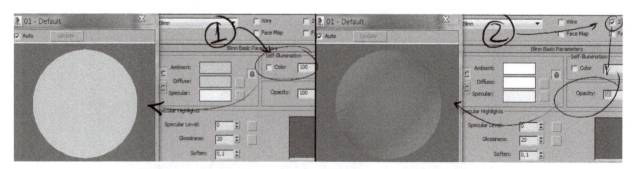

Figura 5.25 – Ativando o *self-illumination* em 100 deixa o material apenas com a cor difusa aparecendo (1), enquanto o *Opacity* em 10 torna o objeto transparente (2).

Como vimos até agora, este não é um material realista e apresenta alguns poucos recursos para reproduzir características que vemos no mundo real. Entretanto, além de ajustar esses parâmetros com cores e valores, também podemos lançar mão de mapas, que servem tanto para auxiliar nas variações de cor como para mapear a intensidade dos parâmetros vistos anteriormente. Além disso, alguns efeitos só podem ser utilizados com mapas.

5.3 Mapeando o personagem

Antes de aplicar qualquer mapa em nosso personagem, precisamos definir as coordenadas de mapeamento. Como as texturas são uma imagem bidimensional e o nosso personagem é tridimensional, é preciso definir como aplicar essa textura no nosso modelo. Para entender esse processo utilizaremos o modelo do soldado criado anteriormente e aplicaremos nele um material *Standard*. Podemos, nessa etapa, utilizar uma textura pronta que vem no 3ds Max, chamada *Checker*. Trata-se de uma imagem quadriculada que nos ajuda a identificar o comportamento do mapeamento nos objetos. Aplique a textura na cor difusa e aplique o material no nosso personagem, conforme a Figura 5.26.

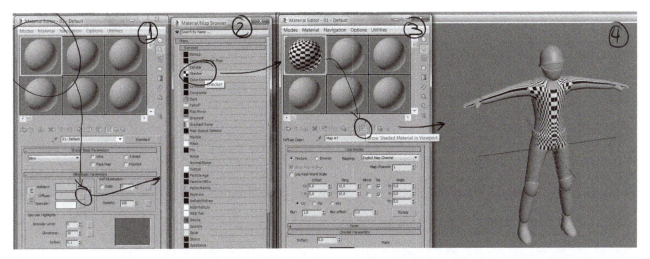

Figura 5.26 – Início do mapeamento: no editor de materiais, selecione a primeira esfera e clique no quadrado ao lado da cor difusa (1); escolha *Checker* (2). Dentro do *Checker* coloque 10 e 10 no *Tiling* (3), clique no ícone *Show Shaded Material in Viewport* (4) e aplique o material arrastando-o para o modelo (5).

Podemos ver que ficou um tanto estranha essa textura aplicada no modelo. Isso ocorreu porque ele não possui uma coordenada de mapeamento adequada. As coordenadas de mapeamento são chamadas de UVW e se relacionam com a textura aplicada da seguinte forma:

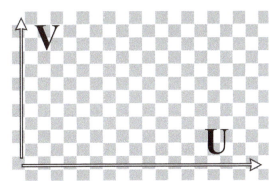

Figura 5.27 – Coordenadas de mapeamento UV em uma textura. O eixo W é utilizado em texturas tridimensionais para definir a profundidade.

Precisamos então definir as coordenadas de mapeamento para o nosso objeto, pois são elas que ditam como a textura se projetará na malha do nosso personagem. Para isso, existem dois modificadores, um chamado *UVW Map*, que possui projeções básicas de textura, como planar, cilíndrica, esférica etc, e outro chamado *Unwrap UVW*, que possui o controle completo do mapeamento. Aplique este modificador e você verá que ele possui alguns subobjetos como *Editable Poly* – nesse caso, o vértice, a aresta e o polígono. Esse modificador deve ficar abaixo do *Symmetry*, pois assim podemos mapear inicialmente apenas um lado e ele copiará esse mapeamento para o outro lado. Em seguida, selecione o subobjeto polígono e selecione todos os polígonos do seu modelo. Uma dica para isso é usar o atalho *Ctrl+A*. Com todos os polígonos selecionados, veremos que ocorre uma previsão de projeção chamada *Quick Planar*. Trata-se de uma projeção planar feita a partir da média de direção das faces. Verificamos em seguida as opções que temos nesse modificador. Recomendamos que se use o botão que isola o objeto selecionado, ocultando-se todos os outros objetos, conforme mostrado na Figura 5.28. Dessa forma fica mais fácil trabalhar sem outros objetos aparecendo por enquanto.

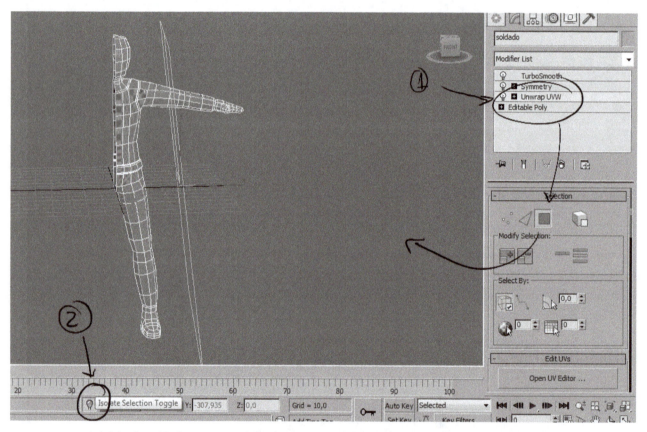

Figura 5.28 – Modelo do soldado com o modificador *Unwrap UVW* aplicado abaixo do *Symmetry* e todos os polígonos selecionados (1). Note também o botão *Isolate Selection Toggle*, que escondeu todos os demais objetos da cena (2).

Dentro do modificador *Unwrap UVW* vá até a parte que diz *Projection*. Veremos que ali existem as projeções básicas elencadas anteriormente: planar, cilíndrica, esférica e cúbica. Cada uma dessas projeta a textura baseada nessas formas. Mais abaixo ficam os atalhos para alinhar essa forma, que projeta a textura de acordo com os eixos X, Y e Z, e também o chamado *Best Align*, que faz a média da direção das faces e, por último, o alinhamento pela vista. Experimente por um tempo para entender o que faz cada um e, ao final, escolha o mapeamento planar alinhado pelo eixo X. Analise um pouco como essa textura quadriculada está sendo mapeada. A princípio ela não parece ruim, mas em um bom mapeamento cada polígono deve ter uma textura única sendo projetada. Nesse caso, temos diversos problemas como, por exemplo: a mesma textura que aparece na frente está sendo repetida atrás. Além disso, há distorções da textura conforme ela se projeta pelas bordas. Para os personagens, especialmente aqueles que são criados para ser usados em jogos, é preciso que haja um mapeamento completo e, nesse caso, nenhuma dessas projeções básicas resolverá.

Seguindo adiante, precisamos abrir a janela de edição do mapeamento. Para isso, volte um pouco mais acima no modificador *Unwrap UVW* e clique no botão *Open UV Editor*. A projeção planar que foi usada faz com que a textura aplicada fique alinhada com nosso personagem, e podemos visualizá-lo de frente. Será nessa janela que faremos o seu mapeamento completo.

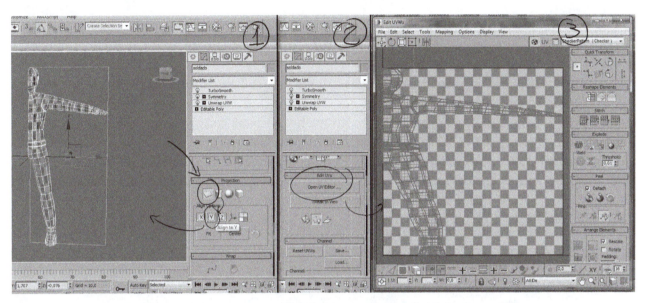

Figura 5.29 – Projeção planar alinhada pelo eixo Y aplicada (1), botão que abre o editor de mapeamento (2) e a janela de edição de mapeamento aberta (3).

O 3ds Max possui diversas ferramentas de mapeamento disponíveis, porém, para simplificar a nossa tarefa, vamos usar o método que vem se popularizando e que se encontra também em outros softwares: marcação de emendas e abertura da malha. Começamos esse método fechando a janela de edição de mapeamento e voltando ao nosso modificador *Unwrap UVW*. A primeira coisa que precisamos entender é que nosso modelo será cortado em vários pedaços para que possa ser planificado. Não podemos simplesmente mandar planificar o modelo inteiro, pois isso criaria muitas distorções. Portanto, é necessário definir os pontos de corte, por intermédio do que é chamado no 3ds Max de *Seams* (traduzido do inglês: emendas). No modificador *Unwrap UVW* existe uma área de edição dessas emendas, e então precisamos definir em quais lugares do mapeamento faremos cortes.

Para entender a criação de emendas vá ao subobjeto aresta, selecione uma aresta da passagem entre o ombro e o braço e clique no ícone de seleção de *loop*. Em seguida, na área de edição de emendas, clique no ícone *Convert Edge Selection to Seams*, e isso fará o programa entender que ali será feito um corte na malha durante a planificação. Observe que a aresta selecionada passou da cor vermelha para um azul claro, o que indica que ali será criada uma emenda na hora da planificação.

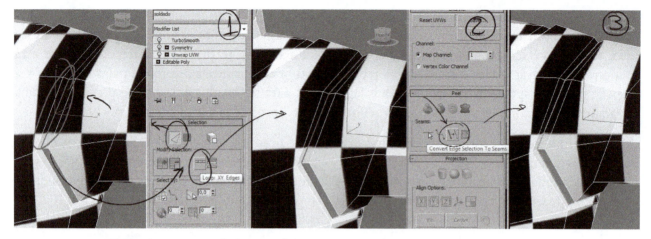

Figura 5.30 – Seleção da aresta inicial: clique no botão *Loop: XY Edges* (1), com o *loop* selecionado clique no botão *Convert Edge Selection To Seam* (2), o *loop* muda para a cor azul, criando uma emenda (3).

Vamos criar agora as próximas emendas. Atente para o fato de que só planificaremos os braços, as mãos e os pés, pois o resto devemos fazer sem a simetria. Também vamos aplicar um material cinza de volta para que o quadriculado não atrapalhe a visualização das imagens. Comece então pelas arestas que podem ser selecionadas facilmente utilizando-se a seleção de *loop*, como fizemos anteriormente – nesse caso, estamos falando da junção da mão com o braço e do pé com a perna. Selecione também as arestas que separam a sola do pé e, em seguida, utilize a ferramenta *Point-To-Point Edge Selection* para selecionar apenas parte dos *loops* do braço, da mão e do pé mostrados na Figura 5.31.

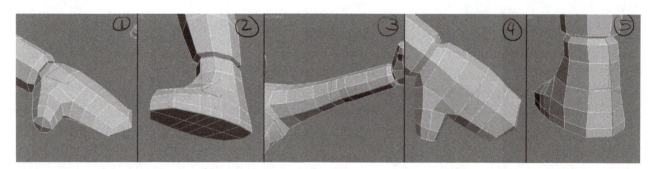

Figura 5.31 – Seleção das arestas para criação das emendas: *loops* da emenda da mão (1) e do pé (2), arestas de baixo do braço (3), da lateral da mão (4) e da parte de trás do pé (5).

Agora que marcamos as emendas, podemos começar a planificar cada parte selecionando um polígono da área que queremos abrir e clicar no botão *Expand Polygon Selection to Seams*. Comece pelo braço, conforme a Figura 5.32, e veremos a seleção de polígonos se expandir até as emendas que foram criadas. Se por acaso a seleção de polígonos vazar para fora da área, houve alguma falha na criação das emendas. Nesse caso, revise a etapa anterior e peça ajuda ao seu professor. Com a seleção de polígonos correta, basta agora clicar no ícone *Quick Peel* e a janela de edição de mapeamento se abrirá com a malha selecionada planificada.

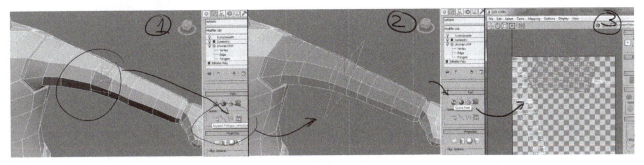

Figura 5.32 – Planificando a malha: selecione um polígono da parte que deseja planificar e clique no botão *Expand Polygon Selection to Seams* (1). Com os polígonos todos selecionados, clique no botão *Quick Peel* (2) e veremos a planificação na tela janela de edição de mapeamento (3).

Repare que, ao fazermos o primeiro *Quick Peel*, todas as arestas azuis que demarcavam uma borda tornaram-se amarelas. Isso significa que a emenda foi aplicada e agora existe um corte no mapeamento separando as partes. Podemos agora repetir mais facilmente esse processo para cada parte que vamos separar: abra o editor de mapeamento, vá ao subobjeto polígono e marque a opção *Select By Element*. Com essa opção ligada, selecione qualquer polígono da mão e ele selecionará todos os polígonos até a emenda. O procedimento é semelhante ao que fizemos antes, mas ocorre agora de forma automática.

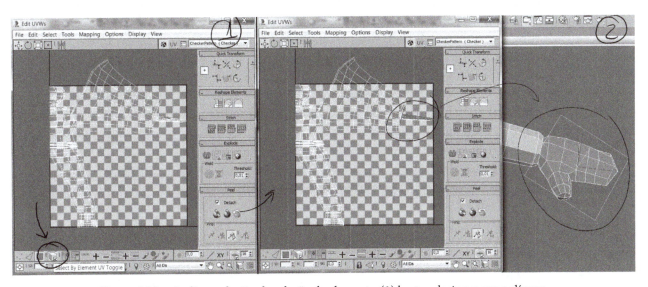

Figura 5.33 – Ao ligar o botão de seleção de elemento (1) basta selecionar um polígono que a seleção se expande até as bordas de forma automática (2).

Você pode mover os elementos nessa janela de edição e reposicioná-los como quiser, mas é necessário primeiro planificar cada parte do nosso objeto. Isso pode ser feito automaticamente, basta selecionar todos os polígonos e clicar em *Quick Peel*, na janela de edição do mapeamento. Como ficou tudo um pouco bagunçado, com polígonos uns sobre os outros, vamos usar uma ferramenta que reorganiza o mapeamento. Para usá-la, mantenha todos os polígonos selecionados e, logo abaixo das opções do *Peel*, existe a opção *Arrange Elements*. Nesse local, marque as opções *Rotate* e *Reescale* (esta última já deve estar marcada) e clique no botão *Pack Normalize*. O mapeamento é reorganizado de modo que nenhum polígono se sobreponha a outro. Em seguida, é recomendado aplicar o comando *Relax*, encontrado no menu *Tools*. Na janela do *Relax Tool*, escolha a opção *Relax By Polygon Angle*, buscando finalizar a suavização da malha aberta. Selecione então um dos elementos e clique no botão *Start Relax*. Espere alguns segundos e clique em *Stop Relax*, para em seguida selecionar outro elemento e aplicar o relax novamente. Não é necessário aplicar o *Relax* no corpo, pois faremos isso logo em seguida sem a simetria.

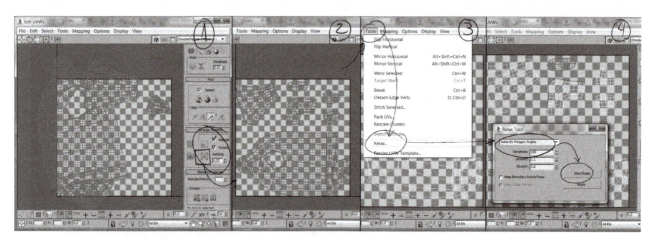

Figura 5.34 – Após o *Peel* aplicado, marque as opções *Scale* e *Rotate* do *Arrange Elements* e clique em *Pack Normalize* (1), quando veremos o mapeamento organizado (2). Vá então ao menu *Tools* e escolha *Relax* (3), para então selecionar *Relax By Polygon Angles* e aplicar em cada parte (4).

Como comentado anteriormente, fizemos o mapeamento correto apenas para as mãos, os braços e os pés do personagem. Vamos ao resto, mas, antes, temos de juntar a simetria no nosso modelo. Para isso, vá à pilha de modificadores, escolha o modificador *Symmetry*, clique com o botão direito do mouse e escolha a opção *Collapse To*. Veremos que tanto o *Symmetry* como o *Unwrap UVW* sumiram da pilha de modificadores, pois seus efeitos foram incluídos no objeto-base. Podemos agora aplicar outro modificador *Unwrap UVW* abaixo do *Turbosmooth*.

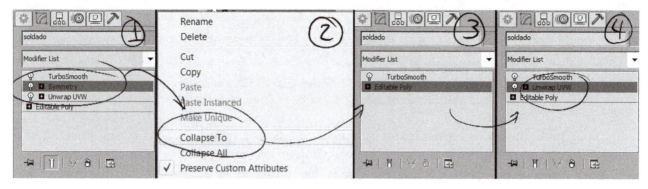

Figura 5.35 – Selecione o *Symmetry* (1), clique com o botão direito e escolha *Collapse To* (2). Temos agora só o *Turbosmooth* como modificador (3), então aplique um novo *Unwrap UVW* abaixo (4).

Abra agora a janela de edição de mapeamento e veja que tudo está como antes. Porém, aplique de novo o comando *Pack Normalize* e veremos as partes duplicadas por causa da simetria.

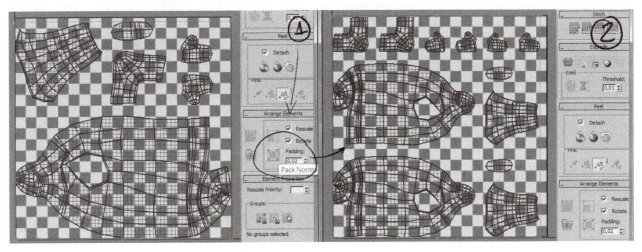

Figura 5.36 – Novo *Unwrap UVW* aplicado (1) e o resultado do novo *Pack Normalize* (2).

Podemos então começar a mapear o resto do corpo, mas é preciso primeiro juntar os dois lados que estão separados. Selecione as duas partes grandes que aparecem na janela de mapeamento e aplique o mapeamento *Quick Planar*.

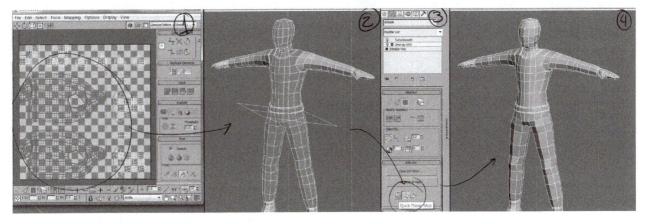

Figura 5.37 – Seleção dos polígonos que compõem o corpo (1), a visualização na tela com a emenda no meio do personagem, por onde passava a linha de simetria (2), escolha do *Quick Planar* (3) e o resultado final sem emenda (4). Utilizamos o *Quick Planar* apenas por ser um meio rápido de unir duas partes separadas no mapeamento. Agora podemos separar onde queremos abrir a malha. Primeiro vamos separar as arestas que separam o colete do corpo e o cinto. Podemos fazer isso selecionando todos esses *loops* e depois, na janela de edição de mapeamento, clicando no ícone *Break*. Como aconteceu anteriormente, a seleção de loops tornou-se amarela, indicando um corte no mapeamento.

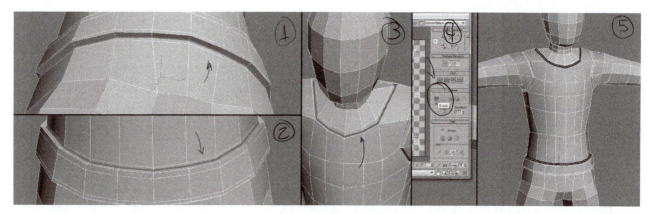

Figura 5.38 – Seleção de *loops* para separar o mapeamento: parte de baixo (1) e de cima do cinto (2), junção do colete com o corpo (3) para então quebrar com o comando *Break* (4), criando novas emendas (5).

Agora queremos fazer uma seleção dos *loops* da lateral da calça e da lateral da roupa. Se fizermos uma seleção de *loop* direta, selecionaremos o *loop* do corpo inteiro. Porém, se selecionarmos a aresta e clicar no ícone de *loop* dentro da janela de edição de mapeamento, a seleção vai parar na emenda, como podemos ver na Figura 5.39.

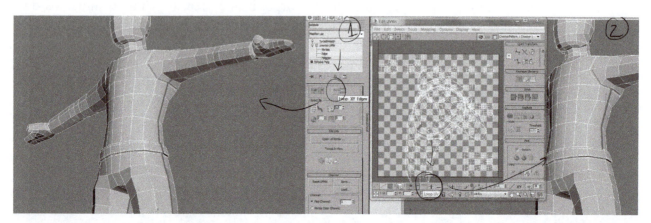

Figura 5.39 – Diferença entre seleção de *loop* no modificador *Unwrap UVW* (1) e na janela de edição (2).

Aproveite esse recurso para selecionar as laterais do corpo e da calça, aplicando um *Break* nesses *loops* para criar as emendas. Em seguida, selecione os polígonos e aplique o *Quick Peel* e um *Pack Normalized*. A calça ficou bem estranha, então aplique um *Relax* nela e um novo *Pack Normalized*, da mesma forma que fizemos anteriormente. Com tudo pronto, faltará apenas mapear a cabeça.

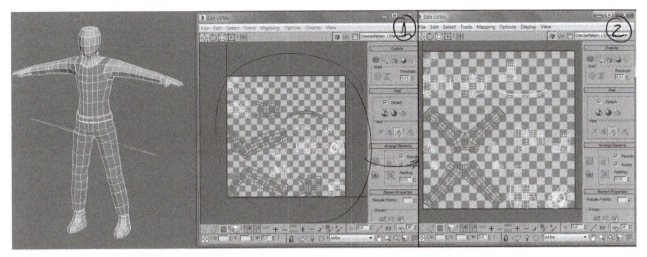

Figura 5.40 – Resultado do *Quick Peel* aplicado junto com o *Pack Normalized* (1) e após aplicação do *Relax by Polygon Angle* e novo *Pack Normalized* (2).

Para a cabeça, podemos primeiro fazer um corte no *loop* do final do pescoço e depois outro na sua parte de trás, subindo até o final da testa conforme a Figura 5.41. Depois, siga os mesmos procedimentos: aplique o *Break* nos *loops* selecionados para depois selecionar os polígonos e aplicar *Quick Peel*, *Relax* e *Pack Normalized*, sendo que, neste último, mude o valor do *Padding* para 0,005 para aproveitar melhor o espaço.

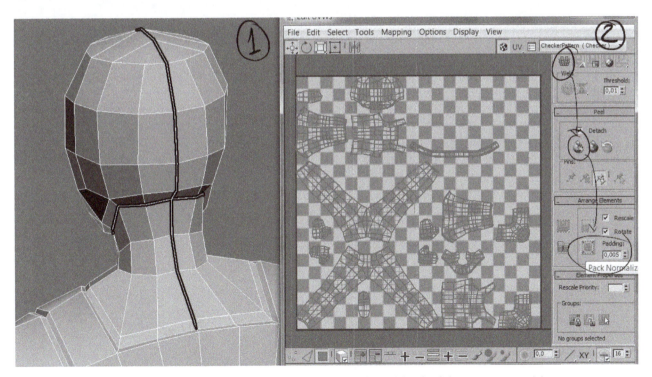

Figura 5.41 – Marcação dos cortes no pescoço e cabeça (1) e final do mapeamento (2).

Texturizando o Personagem

Falta só resolver dois problemas: o primeiro é algo que ainda não foi percebido, mas o *Symmetry* deixou a metade que foi espelhada com a textura invertida. Se aplicarmos, por exemplo, uma textura com algo escrito, os dizeres aparecerão invertidos, como se vistos em um espelho. Isso também pode causar problemas em alguns motores de jogos, então, para corrigir, vá ao menu *Select* e escolha *Select Inverted Faces*. Agora clique no ícone *Mirror Vertically Selected Subobjects* e o problema está resolvido. Nosso segundo problema é que o *Pack Normalize* não proporciona o melhor dos arranjos de polígonos na janela de mapeamento. Além de muitas vezes não aproveitar ao máximo o espaço da janela, a organização é confusa e fica difícil distinguir os elementos na hora de pintar uma textura em um programa de edição de imagens. Por isso, o ideal é refazer o arranjo do mapeamento utilizando as ferramentas de posição e rotação. Porém, não altere a escala, uma vez que ela deve ser consistente entre todas as partes do mapeamento e já foi corrigida no *Pack*.

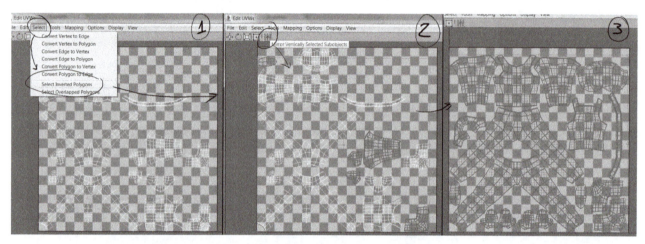

Figura 5.42 – Seleção dos polígonos invertidos na tela de mapeamento (1), correção destes (2) e reorganização do mapeamento para melhor aproveitamento e mais facilidade de entender as partes na hora de pintar a textura (3).

Pronto! Nosso personagem está mapeado! Troque o mapa quadriculado pela textura camuflada que está disponível no site e veja como ficou o nosso soldado!

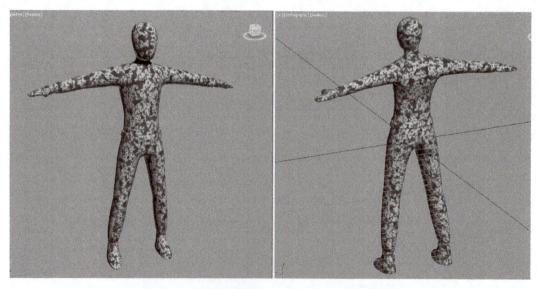

Figura 5.43 – Personagem mapeado e com textura de camuflagem aplicada.

Como já mencionado, você ainda pode levar a malha do personagem para ser pintada no programa de tratamento de imagem de sua preferência. Para isso, abra o editor do *Unwrap UVW*, clique no menu *Tools* e escolha *Render UVW Template*. Você pode escolher aí a resolução com que vai trabalhar, mas, por ora, só clique no ícone *Render UV Template*. Uma imagem do mapeamento será gerada; salve essa imagem e use-a como referência para pintar detalhes das texturas em lugares específicos do modelo.

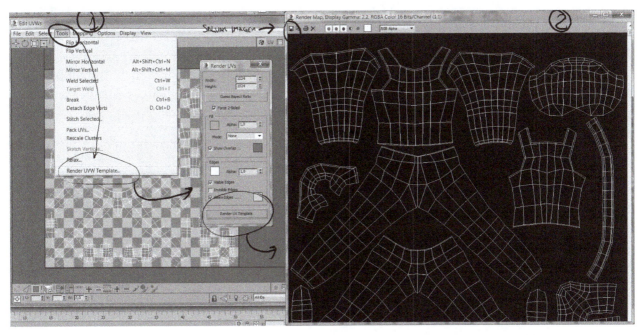

Figura 5.44 – Extraindo o mapeamento para pintar a textura em um programa de edição de imagens.

Vamos recapitular?

Discutimos neste capítulo como os materiais se comportam no mundo real para então verificar o que podemos fazer e quais as limitações que temos na hora de criá-los em jogos. Vimos que, além de cores e valores, é possível aplicar texturas nos nossos personagens para deixá-los mais realistas, porém isso requer um mapeamento correto para que a textura se projete sem muita deformação na malha tridimensional. Feito o mapeamento, é possível exportar uma imagem da disposição dos polígonos, e então é possível pintar detalhes das texturas em lugares específicos usando-se um programa editor de imagens.

Agora é com você!

1) Além dos exemplos demonstrados no capítulo, procure na internet uma imagem que represente cada tipo de comportamento de material descrito aqui e apresente para o professor.

2) Mostramos como mapear o corpo do personagem. Tente fazer um mapeamento por conta própria e entregue o modelo para o professor avaliar.

3) Fizemos aqui o mapeamento do personagem, que é a parte mais trabalhosa, mas ainda falta mapear o capacete, os óculos, a máscara e a joelheira. É sua vez de fazer o mapeamento!

4) Crie um material para o capacete e para os óculos com base no que foi visto sobre materiais. Seja criativo!

5) Leve o mapeamento do personagem para seu programa de edição de imagens e crie uma textura única e bem criativa para o soldado!

6

Iluminação e Renderização

Para começar

Assim como os materiais, a iluminação conduz a uma grande variedade de efeitos que podemos aplicar em jogos, embora muitos deles dependam do motor de jogo em uso. Veremos neste capítulo conceitos básicos de iluminação e renderização para aplicações em tempo real, trabalhando somente com a interface do 3ds Max.

6.1 Os diferentes métodos de renderização

Quando falamos de renderização, estamos nos referindo ao cálculo que é feito pelo computador para transformar informações, modelos, texturas, iluminação e efeitos em uma imagem. Como mencionado no capítulo anterior, já é possível obter imagens fotorrealistas em computação gráfica, mas elas exigem um bom tempo de renderização. Isso ocorre porque é necessário fazer o cálculo da luz de acordo com o seu comportamento no mundo real. Trata-se de algo bem complexo, pois o raio de luz, ao incidir sobre o objeto, continua seu caminho até perder intensidade, e esse detalhe faz com que o cálculo decorrente demande alto custo computacional. Como nos jogos, a renderização tem que ser feita em tempo real, ou seja, é preciso que tenhamos um mínimo de 30 imagens geradas a cada segundo, ainda não é possível calcular toda a trajetória da luz na cena como no mundo real. Para manter a fluidez da imagem processada em tempo real, o motor de renderização faz muitas otimizações e limita o que pode ser criado. Hoje em dia, temos basicamente três tipos de renderização, *Scanline*, *Raytrace* e Rasterização, e vamos conhecer um pouco sobre cada um deles.

6.1.1 Scanline

Introduzido em 1967, é um dos métodos de renderização mais antigos e foi, por muito tempo, a única forma de fazer renders de objetos 3D. O processamento aqui é feito de linha em linha na imagem final, buscando-se otimizar o uso da memória – somente as partes visíveis de cada linha processada são carregadas. Foi usado por muito tempo na renderização de animações e era o único renderizador disponível no 3ds Max até uns anos atrás. Ainda é o renderizador de imagens que vem ativo por padrão, muito embora já seja considerado ultrapassado.

Por ser um renderizador concebido em uma época de escassos recursos computacionais, seu foco sempre foi a otimização do tempo de render em detrimento da qualidade. Portanto, é um método limitado na simulação do comportamento da luz, trabalhando com mapas de sombra, luzes pontuais, mapas de reflexo e transparência simples. Com o passar dos anos, recebeu um módulo de *Raytrace* que funciona em paralelo com o *Scanline* propriamente dito. Deste modo, passou a suportar efeitos mais complexos, mas perdeu as suas vantagens de performance ao executar dois renders em paralelo.

Seu uso em aplicativos de tempo real foi significante no início, mas reduziu-se com o passar dos anos. O último videogame a utilizar esse método de renderização 3D foi o portátil Nintendo DS.

Na Figura 6.1, temos uma renderização feita com o *Scanline* utilizando seus recursos nativos disponíveis. Como ele trabalha apenas com luz direta, foi necessário adicionar uma luz ambiente para simular a luminosidade do céu. Como não reproduz reflexo real, foi aplicada uma imagem esférica no ambiente para que se simulasse o reflexo, bem como o reflexo especular. A transparência também é simples e não efetua refração. Por fim, a sombra é do tipo *Shadow Map*, que cria um mapa a partir da luz, fazendo com que ela não tenha uma definição precisa. Vale observar que o *Scanline* disponível no 3ds Max é capaz de fazer efeitos do próximo render que vamos apresentar, porém trata-se de um render que ocorre em paralelo, não tendo efeito para mostrar os limites de um render puramente *Scanline*.

Figura 6.1 – Exemplo de renderização utilizando os recursos do *Scanline*.

6.1.2 Raytrace

Embora seja quase tão antigo quanto o *Scanline*, tendo sido apresentado em 1968 como forma de gerar imagens, o *Rayrace* passou boa parte dos anos de 1970 apenas como método para resolver diversos cálculos complexos, sendo apresentado somente em 1979 como recurso para renderização. A princípio é um render mais lento que o *Scanline*, se forem usados os mesmos recursos, pois ele cria a imagem disparando raios e calculando seu comportamento, que é similar ao comportamento do raio de luz. Como o raio a ser calculado pode bater em um objeto e refletir para qualquer lugar, é necessário que a cena inteira em 3D esteja armazenada na memória para que seja possível calcular a trajetória de cada raio. Por esse motivo, esse tipo de renderização sempre apresentou dificuldades com cenas muito grandes, principalmente por causa da falta de memória que acometia os computadores antigamente. A vantagem deste tipo de renderização é de que, ao calcular a trajetória dos raios, ele também possibilita simular diversos efeitos do mundo real sem muito esforço, como a reflexão e a refração. Além disso, não há limites para o que se pode calcular com o *Raytrace*, pois tudo depende apenas do tempo que a tarefa demandará. Mas é plenamente possível renderizar efeitos complexos, como reflexão difusa, sombras realistas, iluminação global etc., tudo baseado no comportamento dos raios traçados e da sua trajetória pela cena – e tudo da mesma forma que funciona no mundo real. O cálculo em geral começa pela imagem a ser gerada, traçando-se raios a partir do ponto de vista do usuário. Eles atingem os objetos e se espalham, como na Figura 5.17. Porém, o cálculo pode ir além, com os raios atingindo outros objetos e rebatendo pela cena até atingir outro ponto de luz. Com isso, calcula-se toda a trajetória da luz, incluindo a da luz direta, aquela que sai de sua fonte e incide diretamente em uma superfície, e a da luz indireta, que não vem diretamente de uma fonte de luz, mas sim do rebatimento de outra superfície. A soma das luzes direta e indireta é chamada de iluminação global, ou GI (do inglês *Global Illumination*), e está exemplificada na Figura 6.2. O *Raytrace* é um dos métodos utilizados para se calcular o GI que vêm sendo bastante utilizados atualmente. Funciona a partir do cálculo dos caminhos, e é conhecido pelo termo em inglês *Path Tracer*. Nesse caso, estamos vendo apenas a trajetória de um raio, sendo que em uma imagem completa são traçados milhares de raios, visto que, para se obter uma boa imagem, é necessário disparar mais de um raio por pixel.

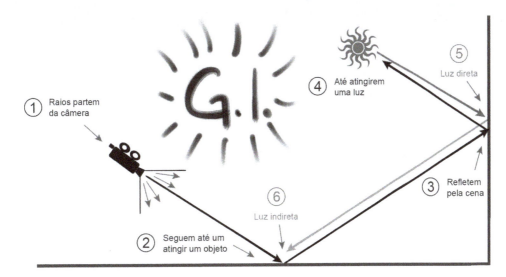

Figura 6.2 – Esquema de cálculo da iluminação global (GI) baseado em raios a partir da câmera: um raio é traçado a partir da câmera (1) e atinge um objeto (2), reflete pela cena atingindo outro objeto (3), até atingir uma fonte de luz (4), fazendo-se então o cálculo da luz direta (5) e da luz indireta (6).

O 3ds Max possui atualmente dois renderizadores capazes de trabalhar puramente com *Raytrace*, o *Mental Ray* e o *iRay*. Além disso, como mencionado anteriormente, o próprio *Scanline* possui um modo de *Raytrace* que atua em paralelo a ele para criar efeitos além dos que originalmente é capaz de fazer. Existem também diversos motores de render por *Raytrace* em outros softwares 3D, bem como alguns extras que podem ser incorporados ao 3ds Max, o que o torna o método de render mais utilizado atualmente nas mais diversas áreas em que são utilizadas imagens geradas por computadores.

Por outro lado, ainda são poucas as implementações de *Raytrace* em tempo real. Há pesquisas e testes em andamento, mas sem previsão de quando os jogos serão capazes de arcar com esse tipo de processamento em tempo real. Já existem diversos renders do tipo sendo calculados pelas placas de vídeo, porém, ainda longe de ser executados em tempo real. Do mesmo modo, foram feitos alguns testes de jogos rodando por *Raytrace*, mas ainda com baixa performance e sem a utilização de efeitos mais complexos, como a iluminação indireta.

A seguir, um exemplo feito para mostrar um pouco da capacidade de uma renderização *Raytrace* utilizando o *Mental Ray*, disponível no 3ds Max. Todos os efeitos funcionam de forma real, sem nenhum tipo de simulação. Temos, por exemplo, entre os materiais, os efeitos de reflexão pura aplicada na esfera, refração pura no cubo, reflexo *fresnell* na máscara, translucência no corpo e até uma pintura automotiva em três camadas no capacete. Na iluminação, calculou-se tanto a luz direta como a indireta, tendo sido utilizada uma simulação do sol e do céu com sombra realista e incluindo o próprio céu, criado diretamente no render.

Figura 6.3 – Exemplo de renderização utilizando o *Mental Ray*, no qual demonstram-se os recursos do *Raytrace*.

6.1.3 Rasterização

O terceiro método de renderização que temos disponível é chamado de *Rasterização*. Sua base é semelhante à do *Scanline*, mas em vez de processar linha por linha da imagem final, ele processa cada elemento que vai encontrando pela frente e sua influência na imagem final. O termo "rasterização" é utilizado para definir qualquer tipo de conversão de vetores em imagens por pontos (*bitmaps*), só que, nesse caso, os vetores são compostos de modelos 3D. A popularização do método decorreu do advento das placas gráficas em computadores comuns, no início dos anos 1990, e a criação de interfaces de programação gráficas (chamadas de API) como a OpenGL, em 1992.

Por ter sua base de cálculo semelhante à do *Scanline*, este método de renderização tampouco reproduz nativamente os efeitos reais da interação da luz com os objetos, como ocorre no *Raytrace*. Mesmo assim, seus cálculos são feitos rapidamente e, por isso, tornou-se o padrão utilizado em aplicativos interativos, como os jogos. A popularização do método levou a uma evolução muito grande dos efeitos que podem ser aplicados tanto na geometria como diretamente no pixel final, e é por esse motivo que diversos jogos atuais possuem imagens quase fotorrealistas. Embora usado também pelas grandes desenvolvedoras de jogos, foi uma empresa menor que se notabilizou por explorar ao máximo o que se pode fazer em tempo real via rasterização. A empresa, chamada Crytek, criou um motor de jogo chamado *CryEngine* para mostrar que é possível obter uma imagem próxima do real em um jogo. Atualmente na quarta geração, as imagens de divulgação do motor mostram que, enquanto o *Raytrace* usa o poder de processamento para calcular tudo do modo mais realista possível, a rasterização usa uma programação complexa não necessariamente para simular o comportamento da luz como no mundo real, mas para obter o mesmo efeito visual em tempo real.

Figura 6.4 – Exemplo de renderização em tempo real por rasterização, com a simulação de diversos efeitos de materiais e luz. Trata-se do motor de jogo *CryEngine* em sua quarta geração. Embora o foco da rasterização seja o render em tempo real, o 3ds Max dispõe de um motor de renderização chamado *QuickSilver* que se vale do método. Com ele, é possível usar tanto o poder dos efeitos da rasterização como a velocidade das placas de vídeo para se chegar rapidamente a um render final. Essencialmente, trata-se do mesmo método de renderização obtido nas vistas do 3ds Max, com a vantagem de se poder escolher a resolução e o tempo de refinamento da imagem. Por esse mesmo motivo, podemos ver na Figura 6.5 as limitações que esse motor de render possui. Compare-a com a imagem feita com o *Raytrace*. Podemos ver que o reflexo não é real, não há refração nem material de pele e a iluminação indireta é apenas simulada. Ainda assim, o resultado é consideravelmente melhor do que o que obtivemos com o *Scanline*, por haver menos limitações e ser possível trabalhar com materiais mais complexos.

Figura 6.5 – Exemplo de render por rasterização utilizando-se o *QuickSilver*.

6.2 A iluminação e o render em tempo real

Como acabamos de ver, as renderizações mais realistas que existem geram a imagem por *Raytrace*, mas exigem um longo tempo de processamento. Seu uso em jogos, pelo menos por mais alguns anos, se limitará à criação dos filmes que passam na abertura ou a determinadas passagens muito específicas, sempre com pré-renderização. Portanto, ao trabalhar com jogos em tempo real, temos que nos limitar àquilo que motor do jogo oferece. Vimos, por exemplo, que o motor chamado *CryEngine*, agora em sua quarta geração, possui a capacidade de reproduzir diversos efeitos realistas. Porém, não há como abordar aqui todos os motores de jogo disponíveis, portanto, usaremos a própria tela do 3ds Max, que também funciona como um motor de jogo com alguns efeitos disponíveis em tempo real. Voltemos, então, ao modelo do nosso personagem modelado. Vamos criar um plano, que será o chão, e verificar a interação do personagem com a luz projetada no ambiente. Aproveite para criar esse plano no ponto 0,0,0 em X,Y,Z e mova o personagem com todos os seus acessórios, de modo que ele toque os pés no chão. Isso facilitará também o processo de animação. Para ativar a renderização com iluminação em tempo real, selecione o modo de render *Realistic* e escolha iluminar com as luzes da cena, conforme a Figura 6.6.

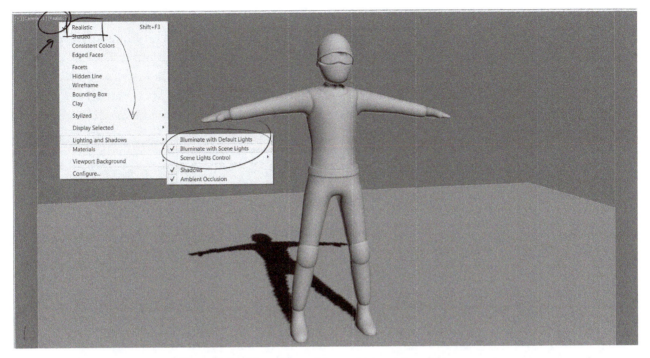

Figura 6.6 – Ativando o render realista e as luzes da cena.

Como comentado anteriormente, o render em tempo real não calcula a luz indireta, apenas faz a simulação de um efeito chamado *Ambient Occlusion* (ou AO). A sua função é calcular a sombra que um objeto projeta no outro em relação ao ambiente em volta. Trata-se de um tipo de sombra que costuma aparecer quando se calcula a iluminação global (a soma das luzes diretas e indiretas) e é um efeito visual interessante, que vem sendo bastante usado nos jogos. Veja na Figura 6.7 a comparação entre esse efeito ligado e desligado na junção da mão com o braço.

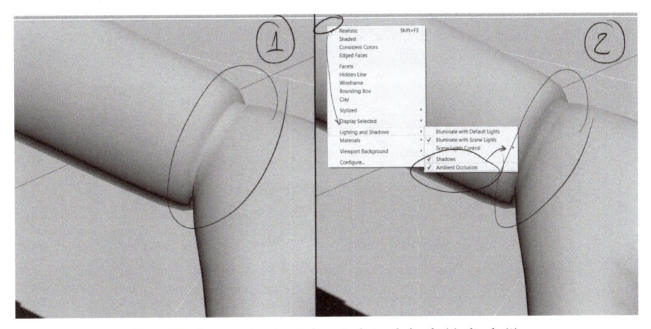

Figura 6.7 – Comparação entre *Ambient Occlusion* desligado (1) e ligado (2).

Iluminação e Renderização

101

Observe que esse tipo de efeito exige tempo para ser calculado corretamente na janela do 3ds Max, por isso, é necessário aguardar a imagem refinar um pouco. Outro efeito que acontece dessa forma decorre da utilização da luz do tipo área em comparação a uma luz pontual. Faça a comparação dos dois tipos de luz criando uma luz do tipo *Spot* e depois remova-a, criando uma *mr Sky Portal* com as configurações mostradas na Figura 6.8. A função dessa luz no 3ds Max é auxiliar na distribuição da luminosidade em ambientes internos, mas também é o jeito mais prático de se usar uma luz do tipo área.

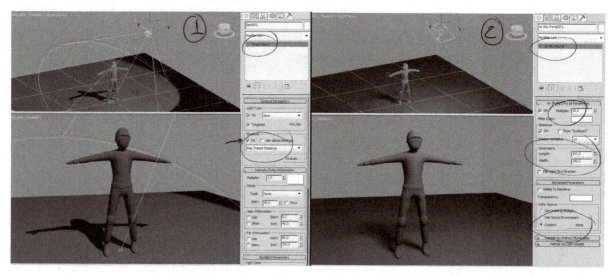

Figura 6.8 – Comparando a luz pontual tipo *Spot* (1) com a luz do tipo área *mr Sky Portal* (2).

Observe que, ao utilizarmos a luz do tipo área, a projeção da sombra torna-se igual à da luz *Spot* sempre que a cena é alterada. Porém, logo a imagem começa a refinar, suavizando a iluminação. Esse efeito é calculado como se diversas luzes pontuais se espalhassem pela superfície da luz do tipo área. O cruzamento da iluminação de todas essas luzes é o que gera a luz suave e a sombra que vai desfocando a partir do contado do personagem com o chão. Para entender melhor o comportamento das luzes do tipo área, veja a Figura 6.9.

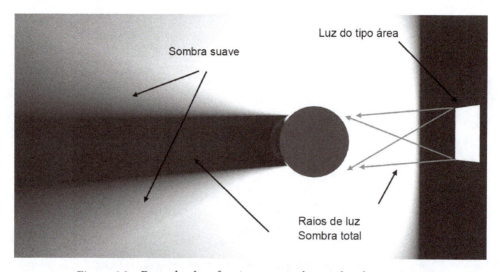

Figura 6.9 – Entendendo o funcionamento de uma luz do tipo área.

Diversos jogos possuem sistemas abertos que simulam a luz diurna, composta da luz do sol e da luz do céu. No 3ds Max podemos simular esta mesma luz criando um sistema de iluminação solar (*Daylight System*), conforme a Figura 6.10.

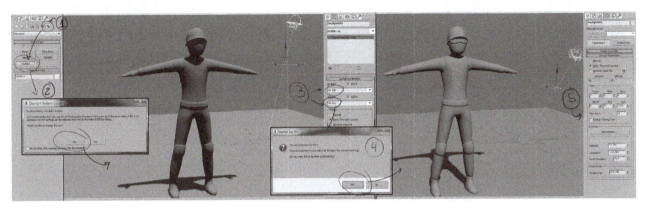

Figura 6.10 – Ativando o sistema de iluminação diurna: crie um sistema tipo *Daylight* (1), marque *Yes* na janela que se abre (2), troque o tipo de sol para *mr Sun* e o tipo de céu para *mr Sky* (3) e clique *Yes* novamente (4). Acerte o horário e a posição do sol (5). Ao proceder como detalhado na figura, você ativou o controle de exposição do 3ds Max e colocou um mapa de céu no ambiente. Para visualizá-lo, acesse o menu *Views* e, em *Viewport Background*, escolha *Environment Background*. Agora você tem um céu real funcionando de forma interativa. Posicione-se como mostrado na Figura 6.11 e contemple um belo pôr do sol!

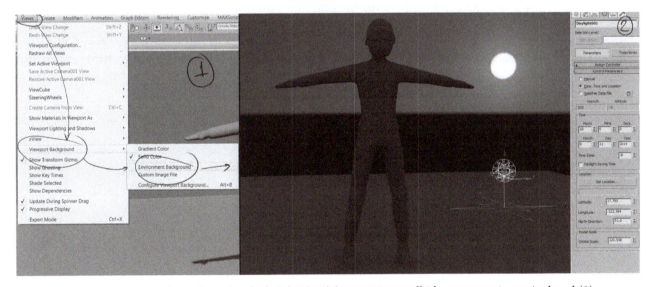

Figura 6.11 – Ativando o céu na janela do 3ds Max (1) e posição escolhida para apreciar o pôr do sol (2).

Iluminação e Renderização

Vamos recapitular?

Vimos neste capítulo que existem alguns métodos para se renderizar uma imagem. Dentre eles, o *Scanline* é o mais antigo e desatualizado, enquanto o *Raytrace* é o mais completo e realista, embora seja também o mais lento. Vimos ainda que, no caso dos jogos e de aplicações interativas, como a interface do 3ds Max, é necessário usar o método de rasterização para que possamos chegar a um bom balanço entre qualidade, efeitos disponíveis e tempo de render. Por fim, apresentamos alguns exemplos para explicar o que é possível fazer com esse método utilizando a tela do 3ds Max.

Agora é com você!

1) Explique com suas palavras o que existe de diferente entre os três métodos de renderização, *Scanline*, *Raytrace* e Rasterização.

2) Utilizamos aqui o nosso personagem em cinza para estudar como se comporta a iluminação. Experimente agora criar um cenário básico e colocar algumas luzes e o personagem texturizado. Criamos uma cena diurna no capítulo. Experimente agora compor uma cena noturna utilizando luzes do tipo *Spot*.

3) As fotos de estúdio utilizam muitas luzes do tipo área para gerar sombras e iluminação suave. Experimente fazer uma iluminação de três pontos, muito utilizada nessas situações, apenas com a vista do 3ds Max.

4) Crie uma bela iluminação diurna e apresente para o seu professor utilizando o personagem texturizado do exercício anterior.

7

Acrescentando Detalhes e Pintando no Mudbox

Para começar

O Mudbox faz parte dos aplicativos voltados para o que chamamos de escultura virtual. Muito embora também trabalhe com polígonos e subdivisões como o 3ds Max, esse tipo de programa busca simplificar a forma como lidamos com eles, pois manipulamos os objetos não apenas movendo seus vértices, arestas e polígonos, mas como um todo, esculpindo os detalhes de forma direta e intuitiva. Além disso, é possível pintar diretamente sobre o objeto em 3D e gerar as imagens 2D que serão aplicadas como textura.

Veremos neste capítulo como levar o nosso soldado do 3ds Max para o Mudbox, como acrescentar alguns detalhes ao modelo, como pintar e como exportá-lo de volta para ser utilizado em qualquer programa. Por se tratar de um programa complexo e cheio de recursos, este capítulo é apenas uma pequena introdução ao assunto.

7.1 Um breve histórico do Mudbox

O Mudbox foi criado pela Skymatter no começo dos anos 2000 como uma extensão das ferramentas usadas pela empresa na criação de detalhamento de modelos utilizados em filmes. O aplicativo foi utilizado dessa forma, por exemplo, na produção da série *O Senhor dos Anéis*, para a produtora Weta Digital. O primeiro filme a utilizar este programa como um software completo foi *King Kong*, lançado em 2005 pela mesma produtora. A decisão de torná-lo um software disponível para o público veio logo em seguida, com o lançamento da primeira versão beta no começo de 2006 e de sua versão final 1.0 no começo do ano seguinte. Em agosto de 2007, a empresa desenvolvedora do Mudbox foi comprada pela Autodesk, fabricante de softwares como 3ds Max e Maya, que aos poucos foi expandido sua funcionalidade. Desde então suas capacidades de escultura digital foram largamente incrementadas, incorporando-se ao programa recursos completos de pintura digital da malha, retopologia e ferramentas de criação de poses para animação, além de uma integração simplificada com os principais programas da Autodesk com o comando *Send to*.

Por ter surgido dentro de uma grande produtora de efeitos para o cinema, o Mudbox foi um programa desenvolvido para rodar em bons computadores e deles tirar o máximo de proveito. Por isso, desde o princípio ele buscou explorar ao máximo a capacidade das placas de vídeo, o que obriga o usuário a possuir um equipamento que atenda a essa realidade. Infelizmente, em computadores mais antigos, o desempenho do programa fica bastante comprometido, especialmente quando se pretende trabalhar com bastante detalhe, sendo que, dependendo da configuração da máquina, não é possível sequer instalar o Mudbox nela. Portanto, um bom computador com uma boa placa de vídeo é obrigatório para quem deseja trabalhar com esse programa.

7.2 Exportando o modelo do 3ds Max para o Mudbox

A troca de arquivos entre o 3ds Max e o Mudbox foi muito simplificada nas versões mais recentes desses dois programas. Novamente, sugerimos utilizar as versões mais recentes de ambos, e é importante que os dois estejam na mesma versão. Por exemplo, se utilizar o 3ds Max 2015, o Mudbox também deve estar na versão 2015 para que os procedimentos aqui utilizados funcionem corretamente.

7.2.1 Corrigindo o pivô

Antes de exportar qualquer arquivo do 3ds Max é sempre recomendado centralizar o pivô e verificar se não há alteração na escala base dos objetos. No primeiro caso, selecione todos os objetos que foram criados no 3ds Max, acesse a aba *Hierarchy* no *Command Panel*, clique em *Pivot* e ligue a opção *Affect Pivot Only*. Dessa forma, podemos alterar o pivô do objeto, que é o seu centro de transformação. Nesse caso, vamos apenas clicar em *Center to Object*, e veremos que cada objeto teve o seu pivô centralizado.

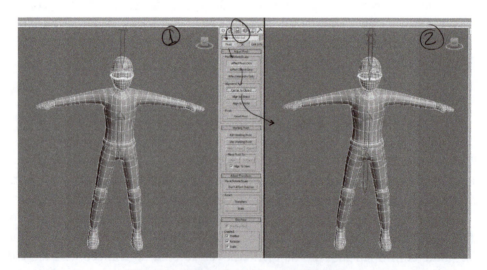

Figura 7.1 – Centralizando o pivô dos objetos.

7.2.2 Corrigindo a escala

Para verificar e corrigir problemas de escala, escolha a ferramenta de escala e verifique na parte de baixo do programa se nos três eixos X, Y e Z está marcado 100 para cada objeto, como na Figura 7.2.

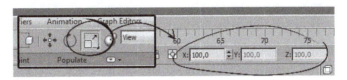

Figura 7.2 – Verificação da escala do objeto.

Caso encontre um objeto com escala diferente de 100 em algum eixo, utilize a ferramenta reset *XForm*. Essa ferramenta aplica um modificador *XForm* e volta a escala para 100, porém devemos mover o modificador para baixo do *Turbosmooth* e aplicar um *Collapse* antes de exportar para o Mudbox, conforme a Figura 7.3.

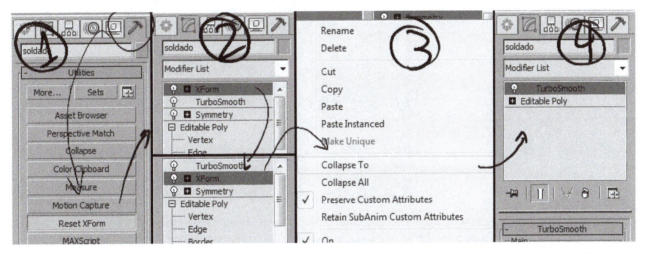

Figura 7.3 – Aplicação do reset *XForm* (1), selecione o modificador *XFom* e mova para baixo do *Turbosmooth* (2), clique com o botão direito e escolha *Collapse To* (3), finalizando apenas com o *Editable Poly* e o *Turbosmooth* (4).

7.2.3 Enviando o arquivo para o Mudbox

O processo para envio de arquivos do 3ds Max para o Mudbox é extremamente simples nas versões mais recentes desses programas, pois foi criado o comando *Send to*. Porém, antes de executar esse comando, devemos fazer uma última recomendação: remova da cena o que não será utilizado, como planos de referência, luzes etc., e em seguida renomeie seus objetos. Assim será mais fácil trabalhar e também identificar eventuais erros. Verifique no *Scene Explorer* se não resta nenhum objeto sem nomenclatura adequada.

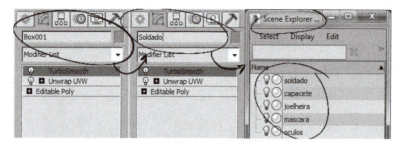

Figura 7.4 – Renomeando objetos no 3ds Max e visualização dos objetos da cena no *Scene Explorer*.

O envio de arquivos para o Mudbox funciona com o que estiver selecionado, portanto, primeiro recomenda-se selecionar os objetos que serão exportados e então escolher a opção *Send to Mudbox* e *Send as New Scene*, conforme a Figura 7.3. Automaticamente, o Mudbox será aberto e, se tudo der certo, com o nosso modelo nele.

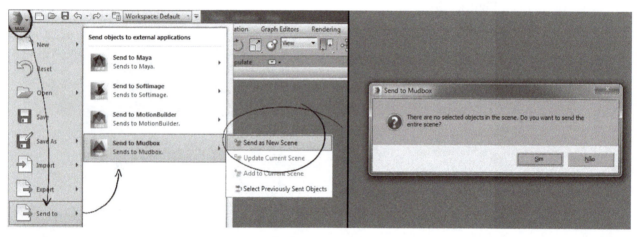

Figura 7.5 – Enviando o arquivo para o Mudbox. É comum esquecermos de mapear todos os objetos ou deixar algum polígono para fora do espaço de mapeamento, resultando na mensagem de erro da Figura 7.6 quando o Mudbox abrir.

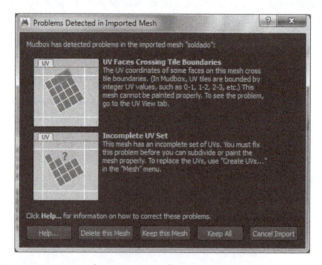

Figura 7.6 – Mensagem de erro no Mudbox por problemas no mapeamento.

Nesse caso, o erro foi causado por termos enviado o modelo do soldado sem o mapeamento. Sempre que essa mensagem aparecer o melhor a fazer é verificar o nome do objeto com erro, clicar no botão *Cancel Import*, voltar para o 3ds Max e corrigir o mapeamento. Feito isso, podemos refazer o processo até eliminar todas as mensagens de erro. Caso a mensagem continue aparecendo, peça ajuda ao seu professor.

Ao abrir o Mudbox pela primeira vez após o processo de enviar o arquivo do 3ds Max, é comum que não haja nenhum objeto visível, como na Figura 7.7. A forma mais fácil de resolver esse problema é clicar no ícone da casa, que fica no *ViewCube*, no canto direito superior da tela de visualização.

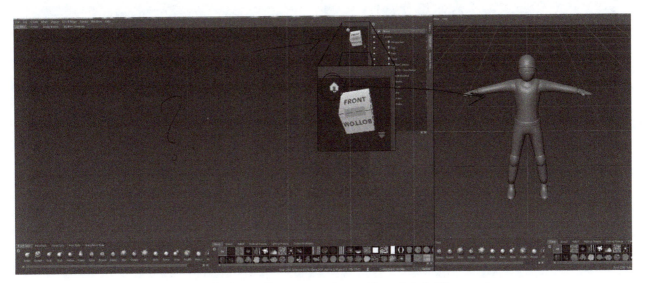

Figura 7.7 – Tela do Mudbox sem nenhum objeto visível. Clicar no ícone da casa ao lado do *Viewcube* resolve esse problema.

7.3 Entendendo a escultura digital no Mudbox

Como comentado anteriormente, a função principal desse programa é a escultura digital. Esse conceito vem do fato de manipularmos a malha sem muita preocupação com vértices, arestas e polígonos, como se estivéssemos realmente esculpindo algo na vida real. Por isso, mais do que conhecer as ferramentas aqui apresentadas, é necessário um conhecimento de escultura em si. Além disso, a intenção desse software é ganhar velocidade na manipulação da malha, e isso faz com que ele tenha uma interface limpa, livre de muitos botões. Sendo assim, boa parte de seus comandos são executados por meio de atalhos. Faremos uma apresentação do que temos disponível aqui, mas, mais do que nunca, o trabalho principal está com você: pratique o máximo possível!

7.3.1 Níveis de subdivisão

O primeiro conceito fundamental que precisamos entender é que, embora não vejamos os elementos que compõem a malha (os vértices, as arestas e os polígonos), eles estão todos ali, e são esses elementos que manipularemos como escultura digital. Para que possamos criar pequenos detalhes, é necessário subdividir a malha e trabalhar no nível de subdivisão adequado. Essa subdivisão é aplicada por objeto e, no caso do arquivo do soldado, a cena é composta de cinco objetos: o corpo do soldado, a máscara, os óculos, o capacete e a joelheira. Os objetos aparecem na lista de objetos, e podemos escolher a quais objetos vamos aplicar a subdivisão, bem como verificar quantos níveis cada objeto possui. Selecione o soldado e o visualizaremos em amarelo. Clicando no + que existe ao seu lado, podemos ver quantos níveis de subdivisão existem para esse objeto; nesse caso, temos apenas um nível. Observe que esse nível inicial é aquele que tínhamos no 3ds Max sem a subdivisão aplicada.

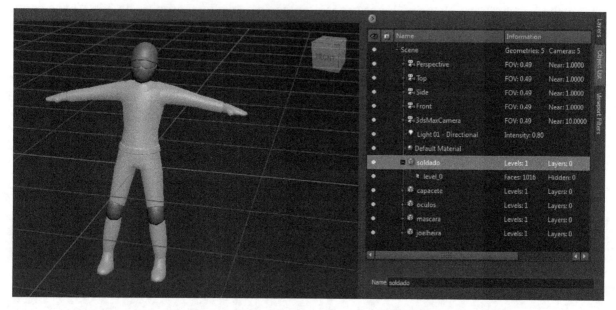

Figura 7.8 – Visualização da lista de objetos e o modelo do soldado selecionado.

Para que possamos esculpir os detalhes é necessário criar um novo nível de subdivisão, acessível pelo menu *Mesh*. Porém, recomendamos abrir primeiro as opções clicando em *Add New Subdivision Level Options*, como mostra a Figura 7.9. Assim podemos escolher as opções de *Subdivide UVs* e *Smooth UVs*. É necessário fazer isso para que possamos utilizar também o objeto planificado como ferramenta de seleção e pintura. Se não marcarmos essas opções, o objeto fica coordenado de mapeamento nos níveis mais altos de subdivisão.

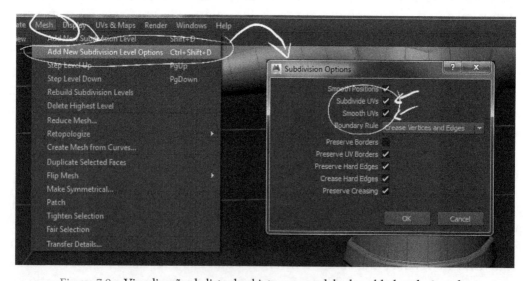

Figura 7.9 – Visualização da lista de objetos e o modelo do soldado selecionado.

Modelagem e Animação 2D e 3D para Jogos

Podemos agora subdividir nosso modelo para começar o detalhamento, e aqui é bom se acostumar a utilizar os atalhos da subdivisão: *Shift + D* para adicionar um novo nível e *Page Up* e *Page Down* para subir e descer nos níveis de subdivisão. Acrescente três níveis ao modelo do soldado para começar a esculpir. Podemos agora ver algumas opções clicando com o botão direito sobre a tela. Entre outras, podemos esconder a grade desmarcando a opção *Grid*. Nessa mesma janela de opções, podemos ver quantos polígonos estão ligando o *Wireframe*. Porém, por ser algo que seguidamente precisaremos ligar e desligar, é recomendado utilizar o atalho, que é a tecla W.

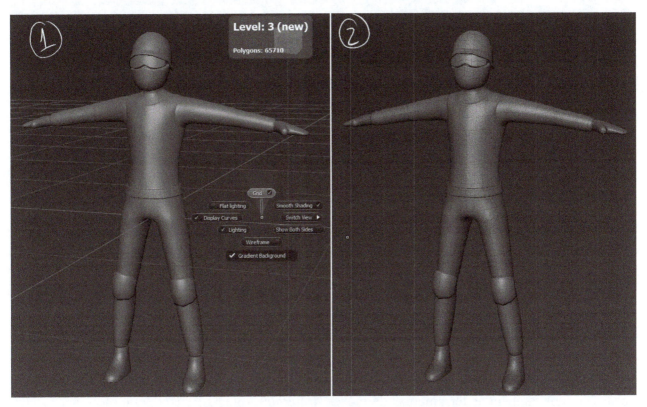

Figura 7.10 – A malha do soldado subdividida e as opções de visualização (1) e a visualização da malha com a grade escondida (2).

7.3.2 Travando objetos e congelando partes da malha

Antes de começarmos a esculpir é bom termos controle da parte que estamos modificando. Assim evitamos que, por exemplo, ao trabalhar com a perna, modifiquemos também a joelheira. Para evitar esse tipo de problema temos duas opções: travar ou congelar. A princípio as duas fazem a mesma coisa, a diferença é que a opção travar se aplica ao objeto inteiro, enquanto a opção congelar pode ser aplicada a partes específicas dos objetos. Como exemplo, acesse a lista de objetos e selecione o capacete, os óculos, a máscara e a joelheira. Em seguida, acesse o menu *Edit* e escolha *Lock Selected*. Observe na lista de objetos que aparece um cadeado ao lado do nome: você pode sempre travar e destravar objetos clicando nesse cadeado. Lembre-se sempre de fazer isso para selecionar os objetos com os quais quer trabalhar, sem estragar outros!

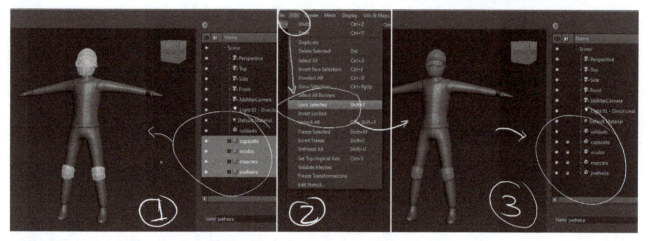

Figura 7.11 Selecionando os objetos (1), travando (2) e o resultado (3).

No mesmo menu em que escolhemos travar o objeto existe a opção de congelar, que usaremos para trabalhar apenas em parte do objeto. Podemos começar pelo cinto do nosso personagem, congelando todo o resto. Para fazer isso, podemos começar a usar as ferramentas de seleção do Mudbox, escolhendo a aba *Select/Move Tools* na parte inferior da interface:

Figura 7.12 – Ferramentas de seleção do Mudbox com a opção UV Shells.

Observe que temos aqui algumas ferramentas conhecidas, como a seleção de faces, objetos e bordas. Temos também as ferramentas de mover (*translate*), rotacionar (*rotate*) e escalonar (*scale*), que atuam no objeto inteiro. Se quisermos utilizar qualquer uma dessas ferramentas nos vértices, devemos optar pelas ferramentas de escultura.

Vamos agora utilizar a seleção do tipo *UV Shells*, mostrada na Figura 7.12. Com essa ferramenta ativa, selecione o cinto do nosso personagem. Veremos que ocorre uma seleção correta, baseada nas bordas do mapeamento que fizemos no 3ds Max. Se continuarmos a clicar no objeto, ele vai adicionando mais partes na seleção. Para desfazer a seleção basta clicar em uma parte vazia da tela. Se quiser rever o mapeamento e entendê-lo, escolha a aba *UV View* conforme a Figura 7.13.

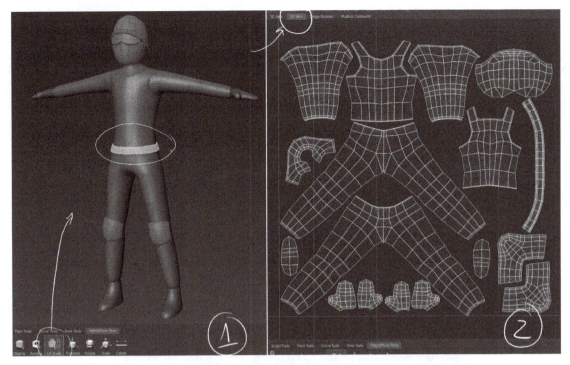

Figura 7.13 – Selecionando apenas o cinto com a ferramenta *UV Shells* (1) e visualização do mapeamento no *UV View* (2).

Agora podemos congelar o resto das faces para que a escultura afete apenas o cinto. Podemos fazer isso de duas formas: congelando o cinto e invertendo o congelamento ou invertendo a seleção (atalho: *Ctrl* + i) e em seguida congelando-a, conforme a Figura 7.14. Os objetos que estão congelados tornam-se azuis e, para desfazer o congelamento, é só acessar o menu *Edit* e clicar em *Unfreeze All*.

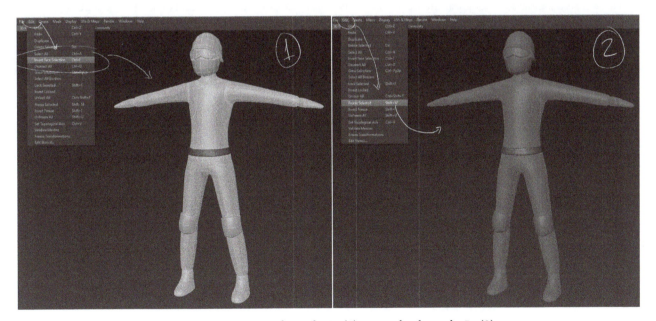

Figura 7.14 – Invertendo a seleção (1) e congelando a seleção (2).

Acrescentando Detalhes e Pintando no Mudbox

7.3.3 Navegando pela cena 3D

Para que consigamos esculpir com liberdade é necessário um domínio da navegação 3D. O Mudbox possui diversos métodos de interação da cena, e a escolha de qual será utilizado ocorre na primeira vez em que o programa é executado. Para alterar esse método depois, acesse o menu *Windows* e abra a janela de preferências clicando em *Preferences*. Nessa janela, procure pela opção *Interaction Mode*, e aqui escolhemos que a interação entre o mouse e o teclado será igual à do 3ds Max. Caso esteja acostumado com outro programa, escolha o modo de sua preferência.

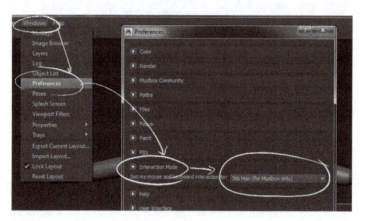

Figura 7.15 – Janela de preferências do programa na qual escolhemos o modo de interação entre o mouse e o teclado (o mesmo utilizado no 3ds Max). Nesse modo de interação, apertar o botão do meio do mouse (em geral, sobre a roda de rolagem) move a tela, girar a roda de rolagem aciona o zoom e segurar a tecla *Alt* e apertar o botão do meio ao mesmo tempo gira a tela. Também se aplica zoom quando as teclas *Ctrl* e *Alt* são acionadas simultaneamente e pode-se clicar e arrastar com o botão do meio do mouse. Porém, recomenda-se utilizar os programas de escultura digital como o Mudbox com uma mesa digitalizadora, de modo a se controlar melhor a pressão que se aplica na hora de esculpir e pintar. Como a maioria das mesas digitalizadoras possui dois botões laterais, recomendamos configurar um desses botões para atuar como botão do meio. Por ser a mais popular entre as mesas digitalizadoras, vamos mostrar um exemplo de configuração da Wacom. Nesse caso, criamos um perfil específico para o Mudbox, de modo a não influenciar no comportamento dos outros programas.

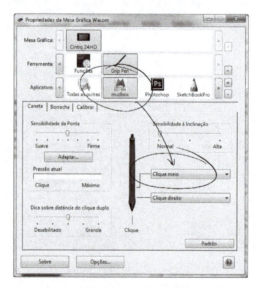

Figura 7.16 – Janela de propriedades da mesa digitalizadora Wacom; configuramos um dos botões laterais para ser o botão do meio dentro do Mudbox.

7.3.4 Utilizando camadas de escultura

Da mesma forma que utilizamos camadas em programas de pintura, a utilização de camadas de escultura é uma ferramenta poderosa para separar cada parte esculpida e fazer correções em locais específicos. As camadas são acessadas pela aba lateral representada pela palavra *Layers*, sendo que temos dois tipos delas: camada de pintura e camada de escultura. Clique em *Sculpt* para ativar as camadas de escultura, em seguida clique em *New Layer* para criar uma camada nova e veremos uma camada nova criada. Acostume-se a sempre separar partes esculpidas em camadas e a atribuir nomes que ajudem a identificar o que é cada uma. Para isso clique duas vezes sobre o nome da camada.

Outro recurso interessante disponível é poder esconder e bloquear as camadas clicando nos ícones correspondentes. Além disso, é possível congelar uma parte que foi esculpida. Para isso, clique com o botão direito sobre a camada e escolha a opção *Freeze from selected*. O programa criará então uma máscara com base no que foi esculpido, protegendo essa região ao impedir que se faça algo enquanto ela estiver congelada.

Ao lado do botão de criar novas camadas ainda existe a opção de criar pastas. Conforme vamos trabalhando com o Mudbox e criando esculturas cada vez mais complexas, vamos também sentindo a necessidade de organizar o que estamos fazendo. Por isso é recomendado não só criar diversas camadas para organizar o trabalho, mas também separar cada parte em pastas.

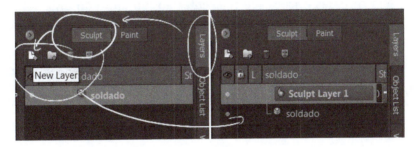

Figura 7.17 – Configuração de camadas de escultura com a criação de uma nova camada.

7.4 Começando a esculpir os detalhes

Agora que entendemos um pouco do funcionamento do programa, subdividimos um pouco nosso modelo, criamos uma camada de escultura e congelamos o modelo deixando só o cinto disponível para a escultura, renomeie essa camada de escultura para "detalhes cinto" (ou algo parecido que você consiga identificar depois) e vamos começar a esculpir.

7.4.1 Ferramentas de Escultura

Para esculpir, utilizamos a aba *Sculpt Tool* e escolhemos que tipo de ferramenta vamos utilizar para o trabalho. Dado o escopo limitado deste livro, não há como abordarmos todos os tipos disponíveis, e recomendamos ao leitor experimentar cada um deles para entender bem o seu funcionamento. Observe que o ícone já dá uma boa dica do que faz cada ferramenta.

Figura 7.18 – Ferramentas de escultura disponíveis na versão atual do Mudbox.

Comece com a primeira e mais básica, chamada *Sculpt*. Essa ferramenta faz a malha se deslocar para fora, criando novos volumes. Experimente-a um pouco e siga adiante.

7.4.2 Atalhos utilizados na escultura

Logo que começamos a esculpir, sentimos necessidade de ajustar algumas coisas. O tamanho do nosso pincel virtual, por exemplo, podemos configurar junto com todas as outras ferramentas de escultura no painel que aparece abaixo da configuração de camadas. Esse painel varia conforme a ferramenta selecionada, portanto, certifique-se de estar utilizando uma ferramenta de escultura para alterar suas opções. As primeiras opções são referentes ao tamanho do pincel e da força que ele vai exercer no modelo, duas opções que usaremos muito e, por isso, devemos lembrar do atalho para elas:

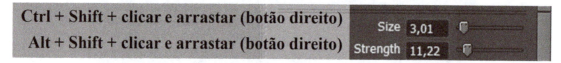

Figura 7.19 – Destaque para os atalhos que ajustam o tamanho e a força da ferramenta de escultura.

Ao ajustarmos o tamanho e a força da nossa ferramenta, observe na tela como o tamanho é representado pelo círculo e a força, pela linha. Aumente e diminua cada um deles e observe o funcionamento, pois é algo muito útil para ajustar de acordo com a escala que vamos trabalhar. Muitas vezes nos aproximamos demais do modelo e não vemos mais o círculo da ferramenta. Caso isso aconteça, diminua até poder vê-lo, pois devemos sempre trabalhar visualizando a área de alcance da ferramenta em uso. Experimente agora começar com umas pinceladas livres só para sentir um pouco como o pincel se comporta, ajustando o tamanho e a intensidade conforme necessário.

Figura 7.20 – Ajuste o tamanho da ferramenta de escultura utilizando os atalhos mostrados anteriormente (1 e 2) e o efeito dessa primeira aplicação da escultura (3).

Outro atalho fundamental quando vamos esculpir é a tecla *Ctrl*, pois ela esculpe no sentido inverso. Portanto, se a ferramenta *Sculpt* faz a malha saltar para fora, a mesma ferramenta com a tecla *Ctrl* pressionada faz a malha ir para dentro. Foi assim que fizemos os furos na Figura 7.20. Atalho igualmente importante é a tecla *Shift*, que refere-se à ferramenta de escultura chamada *Smooth*. Sua função é suavizar a malha, sendo muito útil quando exageramos na hora de esculpir.

7.4.3 Utilizando simetria

Assim que começamos a esculpir algo, vamos sentindo algumas necessidades. Uma delas é a utilização da simetria, que está disponível na configuração da ferramenta de escultura e é chamada de *Mirror*. Ali escolhemos o eixo de simetria e visualizamos uma amostra de onde passará o plano de simetria, facilitando a escolha.

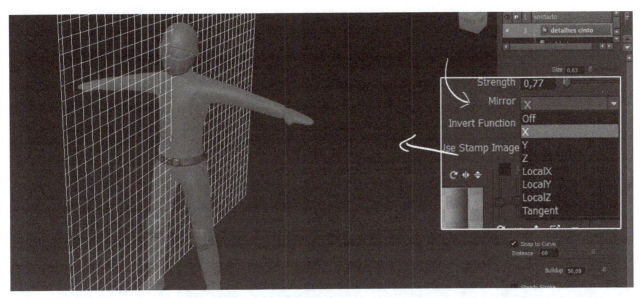

Figura 7.21 – Ajuste o tamanho da ferramenta de escultura utilizando os atalhos mostrados anteriormente (1 e 2) e o efeito dessa primeira aplicação da escultura (3).

Note que se trata de uma simetria que funciona somente na hora que se está esculpindo, não como um modificador como o 3ds Max.

7.4.4 Acrescentando mais um nível de subdivisão

Ao acrescentar detalhes pequenos em um modelo, logo percebemos que precisamos de mais subdivisão, portanto, lembre-se do atalho *Shift* + D. Entretanto, considere também que a cena pode ficar muito pesada de se trabalhar, dependendo da capacidade do computador que você estiver utilizando. Como mencionamos no começo, uma boa placa de vídeo é fundamental quando se trata do Mudbox. Utilize também o atalho da tecla W para mostrar ou esconder a malha e assim visualizar como está a subdivisão.

Quando utilizamos camadas de escultura, elas ficam ligadas a um nível específico a partir do momento que começamos a esculpir. Portanto, ao mudarmos de nível é necessário adicionar outra camada, ou aparecerá uma imagem de erro ao tentarmos esculpir. Observe que agora, na camada criada anteriormente, aparece um sinal de que não é permitido e o número 3 ao lado. Esse número indica o nível de subdivisão em que aquela camada está operando. Portanto, adicione mais uma camada para poder continuar esculpindo em outro nível de detalhamento e aproveite para criar uma pasta e adicionar a ela tais camadas.

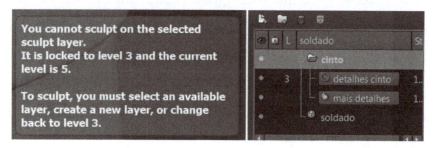

Figura 7.22 – Imagem de erro que aparece ao tentarmos esculpir em um nível diferente na mesma camada e, ao lado, a nova camada criada e uma pasta para organizar todas elas.

7.4.5 Utilizando texturas em modo Stamp

As ferramentas de escultura que acabamos de ver podem ser incrementadas com o uso de texturas. Podemos fazer isso de duas formas, e a primeira é escolher uma das texturas que estão disponíveis na aba *Stamp* e continuar esculpindo como já vínhamos fazendo.

Figura 7.23 – Opções de texturas disponíveis no modo *Stamp*. As texturas funcionam em conjunto com as ferramentas de escultura, portanto, escolha a ferramenta *Sculpt* e experimente um pouco o efeito causado por cada uma dessas texturas na hora de esculpir. Entenda que cada imagem funciona como uma máscara, onde a cor for branca, aplicará o efeito da ferramenta de escultura utilizada, e onde a cor for preto não aplicará efeito nenhum. A passagem entre o preto e o branco cria os relevos intermediários. O controle da aplicação dessas texturas fica abaixo do controle de camadas.

7.4.6 Utilizando texturas em modo Stencil

Outra forma interessante de utilizar texturas é o modo stencil. Esse método projeta a textura por cima da tela e, após ajustar seu posicionamento, tamanho e rotação, podemos começar a pintar na malha a sua influência. Comece escolhendo uma das texturas da aba *Stencil*. Essa textura aparecerá na tela sobre o nosso objeto. Entenda que, enquanto o tamanho da textura em modo *Stamp* fica ligado ao tamanho do pincel da ferramenta de escultura, no modo *Stencil* ela permanece com um tamanho fixo na tela, aumentando e diminuindo de tamanho em relação ao nosso objeto em 3D, conforme o manipulamos.

Figura 7.24 – Opções de texturas disponíveis no modo *Stencil*.

Com uma textura do tipo Stencil selecionada vemos na tela as instruções para manipulá-la. O controle é simples e intuitivo, basta segurar a tecla S e o botão esquerdo do mouse reposiciona, o do meio rotaciona e o da direita escalona. Agora, para *aplica-lá* devemos ir pintando a textura na malha, lembrando que ainda valem os atalhos de ajuste de tamanho (*Ctrl* + *Shift* + clicar e arrastar) e intensidade (*Alt* + *Shift* + clicar e arrastar) do pincel. Experimente ir pintando para ver o que acontece, conforme a Figura 7.25.

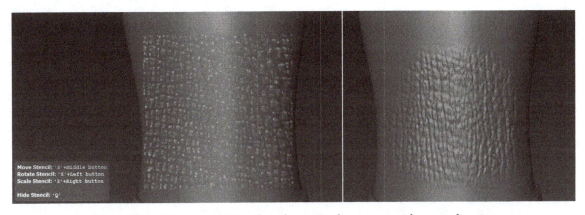

Figura 7.25 – Textura em *Stencil* sendo projetada e, em seguida, sua aplicação.

Um detalhe interessante é que a textura *Stencil* pode ser do tipo tridimensional e criar formas bem complexas, pois ela desloca os vértices em todas as direções. Essa é uma forma bem interessante de reproduzir detalhes em um modelo, mas aqui cabe uma observação: é preciso aumentar bastante a intensidade para que ela apareça de verdade. Como exemplo, temos as duas últimas texturas disponíveis por padrão, uma gera um tipo de escama e outra uma orelha! Veja na Figura 7.26.

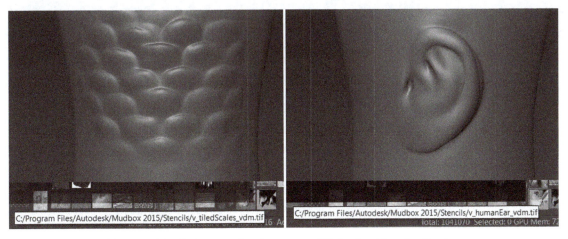

Figura 7.26 – Dois exemplos de texturas 3D do tipo *Stencil* aplicadas.

7.5 Pintando no Mudbox

A pintura no Mudbox é algo bem direto e intuitivo. Da mesma forma que fizemos com a parte de escultura, aqui também temos as ferramentas de pintura.

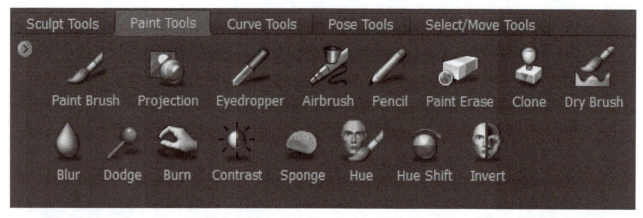

Figura 7.27 – Ferramentas de pintura disponíveis. Basta escolher uma ferramenta e começar a pintar, mas é recomendável criar uma camada de pintura antes. Isso é feito no mesmo lugar em que criamos as camadas de escultura, porém clicando-se no botão *Paint*. Ali podemos ver o material do objeto e, ao clicarmos no botão para criar uma nova camada, abre-se a janela de opção que podemos ver na Figura 7.28. Essa janela se abre sempre que tentamos pintar um objeto e ele ainda não possui uma camada de pintura. Então escolhemos a resolução da textura que vamos criar e também o canal ao qual será aplicada essa textura. Reveja o capítulo sobre materiais para saber qual a função de cada um. Dessa forma é possível criar mapas específicos para controlar cada parâmetro do material.

Figura 7.28 – Configuração de camadas de pintura (1), a janela de criação de nova camada (2) e a camada criada como cor difusa (3).

Agora basta fazer uma pintura como quiser, lembrando que o atalho para aumentar e diminuir o tamanho do pincel continua o mesmo. Também é possível utilizar qualquer textura em modo *Stamp* ou *Stencil* e até uma combinação dos dois.

7.6 Gerando os mapas e atualizando o 3ds Max

Agora que terminamos a nossa escultura e sua pintura, devemos levar de volta o arquivo para o 3ds Max para, então, animá-lo e exportá-lo para o nosso jogo. Porém, se voltarmos ao primeiro nível de subdivisão perderemos muitos dos detalhes e, ao mesmo tempo, não poderemos utilizar o nível mais alto de detalhamento pela enorme quantidade de polígonos. A solução é usar mapas de *Normal* e *Displace* e então atualizar a cena do 3ds Max com o primeiro nível de subdivisão. Verifique quais mapas são necessários e acesse o menu *UVs & Maps* e em *Extract Texture Maps* escolha *New Operation*. Na janela que se abre escolha os mapas que deseja criar, escolha os modelos que vão gerar os mapas e, no final, um local para salvar esses mapas. Então, basta clicar em *Extract* e esperar o mapa ser gerado. Por fim, mande atualizar a cena no 3ds Max para ter o modelo de volta.

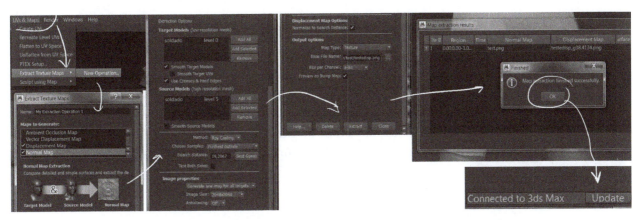

Figura 7.29 – Exportando os mapas de *Normal* e *Displace* e atualizando o 3ds Max.

Vamos recapitular?

Estudamos neste capítulo um pouco do que se pode fazer no Mudbox, partindo de um modelo exportado do 3ds Max para acrescentar detalhes por meio de escultura digital, entendendo como funciona todo o processo. Também vimos que é possível pintar uma textura diretamente no modelo 3D e, no final, exportar mapas com o detalhamento para ser usado em jogos sem necessitar do modelo em alta resolução. Lembre-se, porém, de que se trata de um programa complexo e com muitos recursos, portanto, apenas um capítulo de um livro não é suficiente para uma abordagem completa. Temos aqui somente uma guia para o leitor iniciar os estudos e poder futuramente se aprofundar.

Agora é com você!

1) Repita o processo aqui apresentado com o seu modelo e tente acrescentar detalhes extras.

2) Crie pelo menos duas versões do seu personagem com diferentes opções de escultura.

3) Busque na internet uma textura de solado de bota e aplique na sola como modo *Stencil* para rapidamente modelar essa parte.

4) Pinte uma nova textura de cor difusa, agora toda feita no Mudbox.

5) Pinte também mapas para definir algumas características específicas do material, conforme instrução do professor.

6) Mais do que nunca vale essa frase: agora é com você! Conhecer as ferramentas é só o primeiro passo para o domínio da escultura digital. Procure na internet vídeos de escultura com o Mudbox para entender como outros artistas trabalham com escultura digital – e pratique bastante! O Mudbox inclui alguns modelos-base prontos para você esculpir, portanto, escolha algum deles para poder praticar mais um pouco.

8

Conceitos Básicos de Animação de Personagens

Para começar

A animação de personagens é uma área tão vasta que não cabe em um livro inteiro, quanto mais em apenas um capítulo. Portanto, veremos aqui não mais do que uma iniciação ao assunto, apresentando os conceitos básicos da animação, suas funções básicas no 3ds Max e uma introdução, para que o aluno possa, posteriormente, seguir com os seus estudos.

8.1 Conceitos básicos de animação

8.1.1 Introdução à animação

Antes de partirmos para o personagem em movimento, devemos entender como funciona a animação em si. Seu princípio básico está na transformação ao longo do tempo, ou seja, ela pode ser tanto uma mudança de posição como uma rotação, uma cor, ou qualquer propriedade que sofra uma alteração em um determinado tempo. É a mudança ocorrida com o passar do tempo que nos passa a sensação de que as coisas estão em movimento. Portanto, o primeiro ponto chave da animação é o tempo, sem ele não há animação e as coisas ficam estáticas. Alguns autores chamam a animação de "quarta dimensão", aquela que diferencia uma foto de um filme, um desenho de uma animação.

Um filme nada mais é do que uma sequência de fotos batidas ao longo de um tempo determinado, um registro do que aconteceu durante um período, mas que compreendemos como algo único quando reproduzido. Em filmes, são utilizados, por padrão, 24 quadros para cada segundo, sendo que a televisão brasileira adota o mesmo padrão das tevês americanas e japonesas, que é de 30 imagens por segundo. As animações costumam seguir o padrão do cinema, portanto, uma animação tradicional requer que se criem 24 desenhos por segundo de filme, algo extremamente trabalhoso. Para facilitar um pouco o processo de criação de animações, algumas técnicas foram desenvolvidas e, entre elas, vamos destacar aqui a utilização de quadros-chave, técnica utilizada até hoje em animações criadas em computador.

8.1.2 Quadros-chave

Ao analisar um movimento, podemos identificar poses que representam o seu extremo e, entre elas, passagens de uma a outra. Assim, é fácil concluir que o processo de se criar uma animação é simplificado se forem desenhadas primeiro essas poses extremas, que são os quadros-chave da animação, e depois fazer uma interpolação entre elas. Quando a animação era totalmente desenhada quadro a quadro, era comum o animador experiente criar os quadros-chave e a passagem entre eles ser feita por outro, menos experiente. Da mesma forma, nos dias atuais os animadores criam os quadros-chave, porém a interpolação passou a ser feita pelo computador. Este é o método utilizado nas animações em computação gráfica. Na Figura 8.1 temos um exemplo dos quadros-chave utilizados na animação de um homem correndo.

Figura 8.1 – Quadros-chave da animação de um homem correndo.

8.1.3 Controlando a animação no 3ds Max

O conceito de quadros-chave é utilizado para animar qualquer parâmetro no 3ds Max. Praticamente tudo pode ser animado dentro do programa, da transformação básica de um elemento, a partir de sua posição, rotação e escala, aos parâmetros de um modificador como o *Bend*. Escolhemos então o parâmetro a ser animado e definimos diferentes quadros-chave em tempos diferentes. Para isso é preciso entender o controle do tempo, que é feito usando-se a linha do tempo, chamada de *Time Line*.

Figura 8.2 – Linha do tempo e *Time Slider* no 3ds Max.

A linha do tempo possui, acima dela, uma barra que podemos mover e assim escolher o tempo que estamos visualizando na animação. É a chamada *Time Slider*. Ao movê-la de um lado a outro, vemos a animação passando na vista do programa. Observe que temos as marcações dos quadros da animação, portanto, é importante verificar que padrão está sendo utilizado. Os jogos 3D em geral não possuem taxa de quadros fixa, pois ela varia de acordo com a capacidade do equipamento que está reproduzindo o jogo. Mesmo assim, porém, é necessário utilizar um valor de referência na criação das animações. O 3ds Max vem configurado para utilizar o padrão NTSC, que utiliza uma taxa de 29,97 quadros por segundo, que podemos arredondar para 30. Este é o padrão utilizado na televisão americana e também na brasileira, sendo na maioria das vezes o valor de referência para jogos. Também temos como padrão no 3ds Max a linha do tempo começando no quadro 0 e terminando no 100, o que, a uma taxa de 30 quadros por segundo, equivale a 3,33 segundos de animação. Lembre-se sempre de fazer essa relação para entender quanto tempo temos de animação.

Observe na Figura 8.3 que, abaixo da linha do tempo, no lado direito, temos os controles de animação. Com eles, criamos os quadros-chave ou ligamos o modo que cria quadros-chave automaticamente (*Auto Key*), indicado como 1. Ao lado temos o controle de reprodução da animação, marcado como 2, com a indicação do quadro atual e no qual podemos também digitar o quadro a que queremos ir. Temos ali também o ícone que abre a configuração de tempo (*Time Configuration*) vista ao lado. Aí, podemos alterar a taxa de quadros por segundo (*Frame Rate*), marcado como 3, e a forma como visualizamos o tempo, marcado como 4. Como comentado, o padrão mostra o número dos quadros (*Frames*), mas também é possível verificar em minutos e segundos escolhendo o padrão SMPTE. Mais abaixo temos o controle de reprodução e o controle da duração da animação, marcado como 5. Este, em especial, é de grande importância, pois com ele definimos a duração da nossa linha do tempo, marcando seu início, seu final e sua duração.

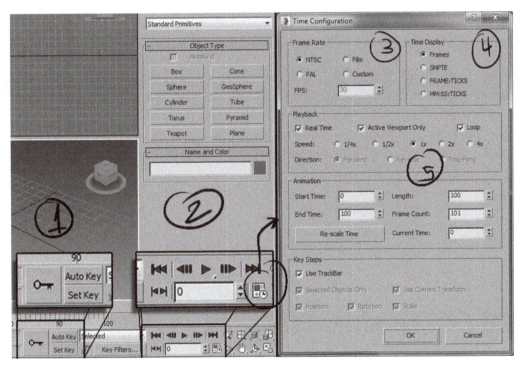

Figura 8.3 – Controles de quadros-chave (1), controles de reprodução (2), ajustes de tempo como taxa de quadros por segundo (3), visualização do tempo (4) e duração da animação (5).

8.1.4 Animando no 3ds Max

Animar algo no 3ds Max é simples. Pegue um objeto qualquer, como a primitiva chaleira (*Teapot*), e ligue o botão *Auto Key*. Mova o *Time Slide* para um tempo diferente do zero, por exemplo o quadro 50, como na Figura 8.4, e mova a chaleira para algum lugar. Em seguida mude para outro quadro diferente e mova mais um pouco a chaleira; nesse caso, fomos até o quadro 100. Aperte a tecla *Play* e veremos a chaleira se movendo na tela. Observe que na nossa linha do tempo aparecem marcações dos quadros-chave em que fizemos algum movimento, incluindo um no quadro 0, que é criado automaticamente. Portanto, a função do botão *Auto Key* é criar quadros-chave para cada propriedade alterada ao longo do tempo. No caso das chaves de posição, cada quadro-chave guarda a informação da posição do objeto em determinado tempo, ao passo que o intervalo entre eles é interpolado automaticamente, criando-se o efeito da animação. Cada quadro-chave pode ter seu tempo alterado se o movimentarmos pela linha do tempo. Experimente um pouco para entender como funciona.

Figura 8.4 – Animando no 3ds Max: ligue o *Auto Key*, vá para o quadro 50, mova a chaleira (1), vá para o quadro 100 e mova-a mais um pouco (2), por fim, aperte o botão *Play* para ver a chaleira se movendo (3).

8.1.5 Trabalhando com curvas de animação

A animação é essencialmente o controle do tempo e do espaço. Se mantivermos o mesmo espaço de um movimento, mas reduzirmos o seu tempo, ele será mais rápido. O contrário também é válido: com o mesmo espaço, mas em um tempo mais longo, o movimento será mais lento. Podemos visualizar isso no gráfico de animação do editor de curvas, presente no 3ds Max, de duas formas: a primeira, na forma de uma janela flutuante que pode ser aberta no menu *Graph Editors* e escolhendo *Track View – Curve Editor*, conforme a Figura 8.5.

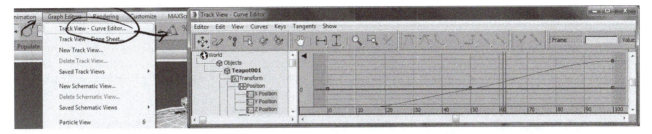

Figura 8.5 – Editor de curvas flutuante do 3ds Max.

A segunda forma é o editor de curvas compacto e integrado com a interface, chamado de *Mini Curve Editor*, que pode ser acessado pelo ícone mostrado abaixo ao lado da linha do tempo.

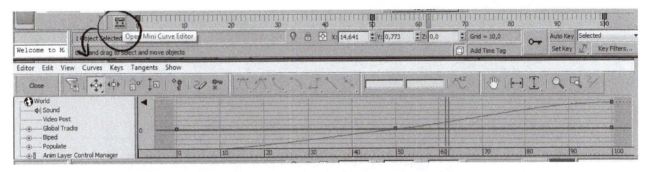

Figura 8.6 – Editor de curvas compacto do 3ds Max.

O editor de curvas de animação serve para visualizarmos e alterarmos os quadros-chave, bem como o método de interpolação entre eles. Utilize-o para concluir o exercício ao final do capítulo.

8.2 A animação de personagens

8.2.1 Introdução ao *rig* de personagens

Conforme mencionado anteriormente, a animação de personagens é um assunto extremamente amplo, portanto, veremos aqui apenas uma base do que pode ser feito. Da mesma forma que fizemos uma chaleira se mover de um lado para o outro criando quadros-chave, um personagem também se moverá caso submetido ao procedimento. Porém, um personagem é algo complexo, seu movimento decorre primeiro da criação de um esqueleto interno que moverá seus vértices e, por fim, de um mecanismo que funciona como se fosse uma marionete virtual para mover os ossos. Visto que, na prática, o movimento vem da rotação dos ossos, criamos um sistema com controles que buscam ao mesmo tempo simplificar o trabalho e dar liberdade para o animador. Esse sistema é chamado de *rig*. Vale mencionar que, em filmes e jogos, é muito usada a captura de movimento de atores reais para mover personagens virtuais. Porém, mesmo nesses casos é necessária a criação do *rig* para a aplicação do movimento capturado.

Fique de olho!

A palavra *rig*, usada na animação 3D para os sistemas que movem o personagem, é um termo em inglês que vem do tempo dos barcos a vela e designava o sistema de roldanas e cordas que movimentava as velas. A palavra em português é cordoalha. Trata-se também de uma palavra utilizada para designar um aparato ou equipamento criado para determinado fim. Por exemplo, plataformas de petróleo são chamadas de *oil rigs*.

Figura 8.7 – O primeiro *rig*: sistemas de roldanas e cordas dos barcos.

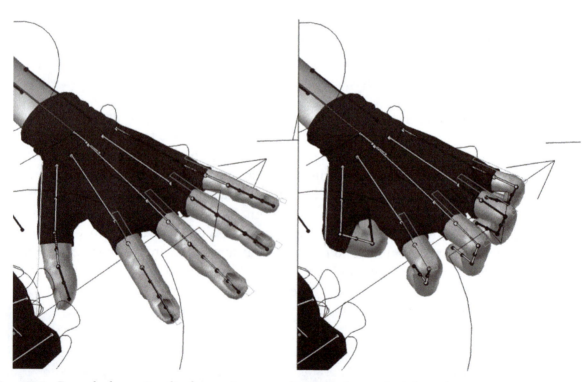

Figura 8.8 – Exemplo de um *rig* aplicado na mão: em vez de girar cada osso do dedo, o sistema automatiza o processo.

8.2.2 Biped

A criação de um *rig* completo é bastante complexa. Inicia-se pela criação dos ossos, que formarão um esqueleto virtual, e segue com as expressões faciais – se houver. Depois, é necessário determinar como os ossos deformarão a malha do personagem e, por fim, definir a automatização do sistema do *rig*. Para simplificar o processo, existem sistemas prontos para a criação dos ossos e dos controles de animação. O 3ds Max possui dois: o *Biped* e o CAT. O primeiro surgiu como uma extensão do programa logo em seu lançamento, em 1996, tendo sido incorporado a ele na versão 7.0, lançada em 2004. O *Biped* sempre foi utilizado para a animação de humanos por trabalhar apenas com personagens bípedes. Atualmente, está desatualizado e não é muito utilizado, pois apresenta limitações quanto ao que pode ser criado e nos controles de animação. Ainda assim, possui sistemas automatizados de caminhada, camadas de animação e aplicação de captura de movimento.

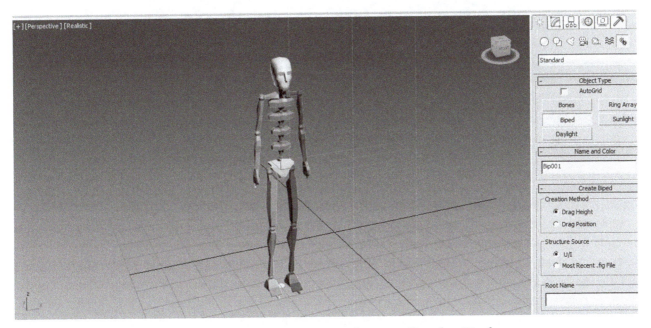

Figura 8.9 – Exemplo de um sistema de ossos utilizando o *Biped*.

8.2.3 CAT

O segundo sistema disponível é chamado de CAT, sigla para *Character Animation Toolkit* (Kit de Ferramentas para Animação de Personagens). Foi lançado em 2006, também como uma extensão do 3ds Max, e incorporado ao programa em 2011, na versão 2012. Trata-se de um sistema totalmente flexível, que pode criar qualquer tipo de personagem. Pode-se criar o sistema osso por osso ou partir de uma série de modelos prontos, que podem ser configurados de acordo com as preferências do usuário.

Ao contrário do *Biped*, trata-se de um sistema livre, isto é, os personagens podem ter quantas pernas e braços o desenvolvedor desejar ou sequer possuir um corpo completo. Do mesmo modo, os ossos podem ser modelados como o usuário quiser, e dependem apenas da forma do personagem final. O sistema de animação do CAT mescla os controles padrões do 3ds Max com algumas características próprias, como as camadas de animação e o sistema de caminhada automatizada avançada, que inclui definição de trajetória livre e detecção de terreno. Esse sistema também aceita arquivos de captura de movimento e o envio do *rig* completo e funcional para os softwares Maya e Motion Builder, assim como fizemos com o modelo enviado para o Mudbox.

Figura 8.10 – Exemplo de diversos sistemas de *rig* prontos que vêm com o CAT.

8.2.4 Criando um *rig* no CAT

A criação de um *rig* pressupõe que a cena começa a ficar complexa, pois ele envolve o desenvolvimento de diversos objetos. Mais do que nunca a organização se mostra necessária. Verifique se cada objeto possui o nome correto, se sua escala está em 100 e se o pivô está centralizado, como fizemos no item 8.2. Também esconda os objetos que não são necessários nesse momento, deixando apenas o corpo do personagem visível. A criação deve seguir as dimensões do personagem modelado. Para assegurar-se disso, posicione-o com o pés tocando o chão, deixe-o transparente (atalho: Alt+X) e congele aplicando o *freeze*. Recomenda-se também separar os objetos modelados em uma camada e deixar outra para os objetos criados pelo *rig* do CAT.

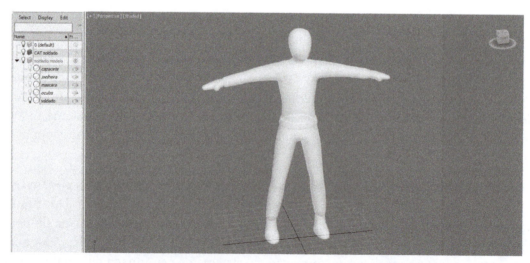

Figura 8.11 – Organizando a cena para a criação do *rig* do CAT.

A criação de um *rig* no CAT pode ser feita de duas formas: a partir de um sistema pré-configurado, com posterior reposicionamento de cada parte do corpo, ou a partir de um *CAT Parent*, o objeto-base que cuida de todo o *rig*, que é mostrado como um triângulo com uma seta dentro e é criado no *Command Panel*, aba *Create*, então *Helpers* e por fim *CAT Objects*. A partir daí cria-se uma pélvis como ponto central do *rig* para então seguir criando pernas, coluna, braços, cabeça e todo e qualquer tipo de elemento necessário. Toda a criação é direta e intuitiva, pode-se mover cada parte e aplicar a escala sem problemas.

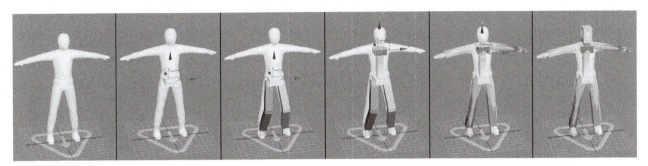

Figura 8.12 – Sequência de criação do *rig* do CAT.

Na criação dos membros do personagem, crie primeiro um lado e acerte a posição de todas as partes antes de criar o outro lado. Dessa forma, ao criarmos um novo membro, ele já se vira igual ao que fora ajustado anteriormente. Caso precise fazer ajustes, use a ferramenta de copiar e colar de forma espelhada escolhendo o primeiro osso da cadeia. Ao finalizar a criação do *rig*, volte ao *CAT Parent* e salve o *rig* no ícone apropriado. Desta forma, temos sempre a opção de recuperar o que foi feito caso algo dê errado.

8.2.5 Aplicando o *Skin*

Antes de finalmente entrar na animação, devemos ainda aplicar o chamado *Skin*. Trata-se de um processo comum a qualquer método de *rig* que tenha sido utilizado. Consiste em definir como os ossos criados no *rig* influenciarão os vértices do personagem. É um processo trabalhoso, que tem que ser feito osso por osso, muitas vezes de vértice em vértice. No 3ds Max, o *Skin* se localiza, na lista de modificadores, abaixo do modificador *TurboSmooth* e, caso tenhamos animação facial, acima do *Morpher*, que é o modificador que faz esse papel. Nosso personagem não terá animação facial, mas o *Morpher* foi incluído na Figura 8.13 para servir de futura referência, pois a ordem desses modificadores é de extrema importância.

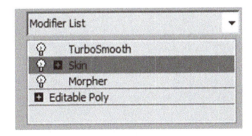

Figura 8.13 – Ordem típica dos modificadores.

Nesse modificador, devemos incluir todos os ossos criados para o *rig* do CAT, de modo que, assim, movam os vértices do nosso personagem. Para facilitar o processo de escolha, logo que abrir a janela para escolher os ossos acesse o menu *Select* e escolha *Select Children*. Então, basta selecionar a pélvis do soldado e todos os ossos, são selecionados automaticamente. Veja que esse é um dos momentos em que ter todos os objetos nomeados corretamente ajuda bastante!

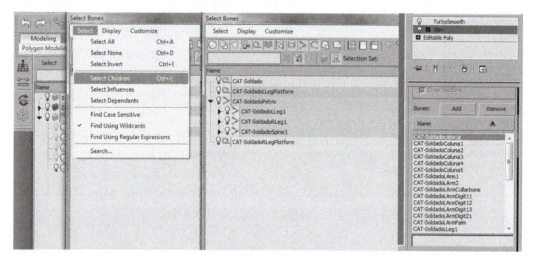

Figura 8.14 – Adicionando os ossos do CAT no modificador *Skin*.

Agora vem a parte mais trabalhosa: definir os pesos dos vértices, ou seja, o quanto cada osso influenciará na movimentação. Essa influência pode ir de 0 (mínima) a 1 (máxima). Sendo assim, quando temos uma influência indesejada, basta deixar o peso em 0 que não a teremos mais. Por outro lado, se queremos que um único osso influencie um grupo de vértices, basta colocá-lo com peso 1. Isso porque a soma das influências será sempre 1. A influência pode ser definida de duas formas: com envelopes ou com o peso individual dos vértices. Comece com a primeira e, nas áreas problemáticas, utilize a segunda. Por ser uma tarefa trabalhosa, recomenda-se uma ajuda extra do professor nessa etapa. Assistir a vídeos sobre o assunto na internet é igualmente esclarecedor.

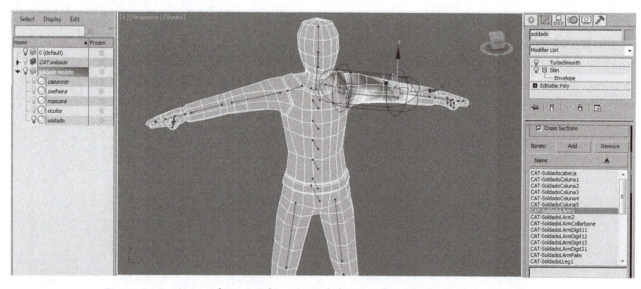

Figura 8.15 – Ajustando os envelopes para definir a influência dos ossos nos vértices.

8.2.6 Animando com o CAT

A animação no CAT é feita separadamente da criação do *rig*, de modo a se preservar a posição inicial independente da animação. Por isso, é necessário criar uma camada de animação, acessando a aba *Motion* no *Command Panel*. Essa criação é feita segurando-se o botão das camadas e escolhendo-se uma delas. Comece criando uma absoluta, escolhendo a que tem o ícone *Abs*, para então clicar no botão que troca o modo de criação para o de animação, chamado *Setup/Animation Toggle*.

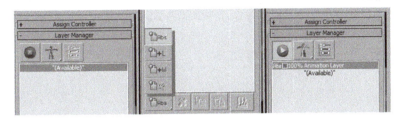

Figura 8.16 – Ajustando os envelopes para definir a influência dos ossos nos vértices.

Existem três tipos de camada de animação no CAT: as absolutas, as relativas e a do *CAT Motion*. A primeira, como o nome diz, funciona de modo absoluto, ignorando outras camadas que estiverem acima dela. A segunda também é chamada de camada de ajuste e trabalha de dois modos, com coordenadas locais e coordenadas globais. Podemos utilizá-la para fazer ajustes em uma animação pronta. Um exemplo é um personagem caminhando, e decidimos que ele deve olhar para algum lugar, acenar e continuar a caminhada. O ideal nesse caso é animar a caminhada contínua em modo absoluto ou com o *CAT Motion* e adicionar uma camada de ajuste local para animar o giro do rosto e dos braços, sem afetar a camada da caminhada. O último tipo de camada é a caminhada automática. Com diversas opções de ajuste, escolha de caminho e detecção de terreno, pode-se criar uma caminhada totalmente livre, sempre em ciclos. Para fazer o personagem parar devemos criar outra camada absoluta e animar o seu peso.

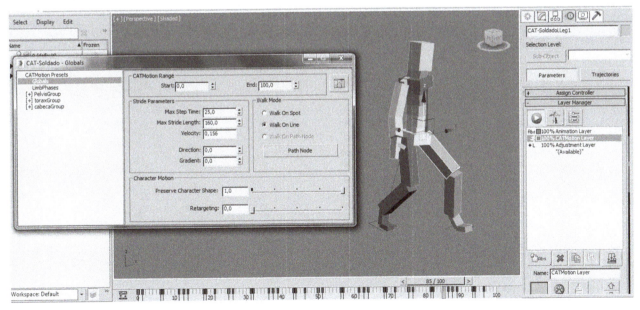

Figura 8.17 – Personagem caminhando utilizando o *CAT Motion*,
com camada de ajuste para fazer pequenos acertos de posição.

Vamos recapitular?

Vimos neste capítulo uma introdução bem pequena às técnicas de animação. Esse assunto pode render diversos livros e, por se tratar de uma área complexa e cheia de detalhes, não foi possível explicar todos os processos passo a passo. Portanto, peça ajuda ao seu professor com materiais extras. Reveja e pratique o máximo possível, pois, assim como na modelagem, a animação depende muito mais de prática do que da técnica em si, então mãos à obra!

Agora é com você!

1) Antes de começar a animar o personagem, faça uma bola quicando. É nesse exercício que temos o contato inicial com o controle da animação e o peso dos objetos.

2) Faça duas variações do exercício anterior, tentando demonstrar diferentes pesos na bola.

3) Repita o processo apresentado no capítulo com o seu modelo criando um *rig* completo no CAT, pedindo ajuda ao seu professor caso haja dúvidas.

4) Aplique o *Skin* no seu modelo a partir do *rig* do CAT criado anteriormente. Distribua o peso dos vértices e faça animações simples para testar a deformação.

5) Experimente animar movimentos com a camada absoluta.

6) Cria uma animação com o *CAT Motion* e experimente com seus *diversos* parâmetros. Coloque uma camada de ajuste por cima para adicionar pequenos detalhes sobre um ciclo de animação.

Bibliografia

MAESTRI, G. **Digital character animation 2**. v. II: Advanced Techniques. Indianapolis: New Riders, 2001.

_____. **Animação digital de personagens**. São Paulo: Quark do Brasil Ltda., 1996.

NETO, E. G.; LIMA, L. **Narrativas e personagens para jogos**. São Paulo: Érica, 2014.

OLIVEIRA, A. **Estudo dirigido de Autodesk 3ds Max 2015**. São Paulo: Érica, 2014.

PRIMO, L. **Estudo dirigido de Adobe Photoshop CC em português – para Windows**. São Paulo: Érica, 2013.

WILLIAMS, R. **The animator's survival kit:** a manual of methods, principles, and formulas for classical, computer, games, stop motion, and Internet animators. Publisher: Faber & Faber, 2002.